Gütersloher Taschenbücher / Siebenstern 263

Peter Beier

DU – WIR

Über die Ehe

Gütersloher Verlagshaus
Gerd Mohn

Originalausgabe

CIP-Kurztitelaufnahme der Deutschen Bibliothek

Beier, Peter
Du, wir: über d. Ehe. – Orig.-Ausg., 1. Aufl. –
Gütersloh: Gütersloher Verlagshaus Mohn, 1978. –
  (Gütersloher Taschenbücher Siebenstern; 263)
ISBN 3-579-03663-7

ISBN 3-579-03663-7
© Gütersloher Verlagshaus Gerd Mohn, Gütersloh 1978
Gesamtherstellung: Clausen & Bosse, Leck
Umschlagentwurf: Dieter Rehder, Aachen
Printed in Germany

Für Ros.

Inhalt

Ein Fleisch 11
Nicht gut 13
Das Glück 15
Zuerst geliebt 17
Ehe weltlich 19
Trauung kirchlich 20
Festhalten – loslassen 23
Habenwollen 25
Barmherzigkeit 27
Für den Menschen – für wen sonst? 29
Vergebung 30
Rechtens und in Ordnung 33
Tisch und Bett 35
Erarbeiten 36
Wohin denn ich? 9
Ohne Schande 41
Der vollkommene Partner 42
Schäbig 45
Besitzverhältnis 46
Kette und Galeere 49
Geben 51
Auf Probe 53
Mörderisch 55
Explodieren 57
Der Hausmann 59
Weil ich gewiß bin 61
Im Joch 65

Kein Bild noch Gleichnis   67
Treue   69
Eifersucht   71
Rettet die Männer!   73
Krone der Schöpfung   75
Und seine Rechte herzt mich   77
Suchen   79
Was bleibt   81
Rückblick   82
Auf Zeit   84
Liebe und Tod   87

Am fünftausendsten Abend unserer Liebe
Bin ich noch immer so schüchtern wie einst:
Beflecke meine weißen Handschuh mit dem Blau
Zu feucht gepflückter Glockenblumen
Und ersticke ungeschickt die Lerche
Die ich Dir mitgebracht in meiner Tasche
Noch immer weiß ich nicht wie ich Dir lächeln soll
Um die Traurigkeit meines Glückes zu verstecken
Und wenn ich Dich umarmen will
Werf ich die Sonne um

                                                            Yvan Goll

Christus spricht: Gott, der im Anfang den Menschen geschaffen hat, schuf sie als Mann und Weib und sprach: Darum wird der Mensch Vater und Mutter verlassen und an seinem Weibe hangen, und werden die zwei ein Fleisch sein.
So sind sie nun nicht mehr zwei, sondern ein Fleisch.
Was nun Gott zusammengefügt hat, das soll der Mensch nicht scheiden.
(Matthäusevangelium, Kapitel 19,4b–6)

Ein Fleisch

Aus Zwei wird nie und nimmer Eins. So sagt der Unglaube, der sich der allgemeinen Rechenkunst bedient. Wenn Ehe nichts anderes ist als ein Rechenexempel, dann hat er recht. Die Addition zweier Personen zur Befriedigung individueller und ökonomischer Bedürfnisse ergibt eine Interessengemeinschaft, die fälschlich mit Ehe verwechselt wird.
Nicht von Addition, sondern von Verbindung ist die Rede, wenn Christen von der Ehe sprechen. Das ist in einem fast chemischen Sinne gemeint: Die zwei sind ein Fleisch, verbunden mit Haut und Haar, Herz und Hirn, total und untrennbar. Wer hier scheiden will, muß ins Fleisch schneiden, müßte mit dem Skalpell trennen, was ineinander verwachsen und chemisch verbunden ist. Den Schnitt, der die Eingeweide offenlegt, überlebt niemand.
Hingegen trennt sich leicht, was nie organisch zusammenhing, wo beide nicht ineinander gewachsen waren, wo man sich vom Leibe hielt, was ein Fleisch werden wollte, wo beide – schlägt die Stunde der Wahrheit – bekennen: ein Fleisch – das waren wir nie; ein Fleisch – das sind wir nicht mehr; mein Fleisch ist abgefault vom Fleisch des anderen. Da bleibt nichts zu trennen, was nicht längst getrennt war.
Gott aber will, daß die zwei ein Fleisch werden.
Man muß das Wort aus dem Matthäusevangelium als ein Versprechen lesen, dessen Einlösung nicht in unseren Händen liegt. »So sind sie nun nicht mehr zwei, sondern ein Fleisch« – das ist Verlockung zu einer Art von Vertrauen, bei dem das Geheimnis nicht angetastet wird: daß Ehepartner Personen bleiben und gleichwohl ein Fleisch werden.

Gott der Herr sprach: Es ist nicht gut, daß der Mensch allein
sei; ich will ihm eine Gehilfin machen, die um ihn sei.
(1. Mose 2,18)

Wie lernen wir einander kennen?

Der andere,
der bis jetzt kein bestimmter Mensch war
und von dem ich nur durch seinen Körper wußte,
daß er das ist,
was ich »meinesgleichen« nenne,
also einer, der mir zu antworten vermag
und mit dessen bewußter Erwiderung ich zu rechnen habe:
dieser andere wird mir immer deutlicher werden,
je mehr ich mit ihm – freundlich oder feindselig – umgehe,
und ich werde ihn nachgerade von allen übrigen anderen,
die ich minder gut kenne, unterscheiden.
Diese Intensivierung des Umganges bedingt Nähe.
Haben Umgang und Bekanntschaft
aber ein besonderes Maß an Nähe und Enge erreicht,
so sprechen wir von Intimität.
Der andere wird mehr zum unverwechselbaren Nächsten.
Er ist kein beliebiger anderer mehr,
der sich von den übrigen nicht unterscheiden läßt,
er ist der andere als einziges Wesen.
So wird mir denn der andere zum Du.
Beachten wir also:
Du ist kein Beliebiger,
Du ist ein einziger, unverwechselbarer Mensch.
(José Ortega y Gasset)

Nicht gut

Die Übersetzung des bekannten Satzes aus dem ersten Mosebuch setzt Spitzen, die man abbrechen muß. Der Mann ist der Mensch, sie nur seine Gehilfin – schon im Schöpfungsakt. Der Weg von der Gehilfin zur Gespielin, ja zum Spielzeug ist nicht weit.
Lassen wir das.
Eine gänzlich andere Aussage steht zur Diskussion; nämlich die Feststellung:
Der Mensch allein – das geht nicht.
Weiter: Der Mensch allein – ist nicht gut.
Endlich: Der Mensch allein – ist kein Mensch.
Diese Feststellungen halten einer Überprüfung durchaus stand. Ich erfahre, daß ich – allein – austrockne. Ehe und Partnerschaft und Freundschaft schützen die Menschlichkeit des Menschen vor dem Fall ins Nichts. Da zeigt sich, daß Ehe eben nicht naturrechtlich als Fortpflanzungsinstitut deklariert werden darf. Generell steht so Gottes gutes Wort gegen die heidnische und idealistische Erfindung des selbstgewählten oder auferlegten Zölibats. Jener Geistesheros, der glaubt, sich um seiner großen Aufgabe willen einer Frau nicht zumuten zu dürfen, ist nichts anderes als lächerlich.
Die Krone nicht vom Tische Gottes zu nehmen – das Geschenk der Partnerschaft, die Freundschaft der Körper und der Geister, bewußt und mutwillig auszuschlagen –, das ist unmenschlich. Das ist nie und nimmer gut.
(Wer aber kümmert sich um die, die gegen ihren Willen allein bleiben müssen, die keine Verächter der Ehe und der Partnerschaft sind, die sich nach Liebe sehnen –; diese Menge der um ihr leibliches und seelisches Glück betrogenen Frauen, betrogen durch gesellschaftliche Verhältnisse und eine immer noch gültige Wahn-Moral?
Ich möchte gern wissen, was Jesus dazu sagt.
Die Christen sagen dazu zur Zeit gar nichts)

Ich halte Jesus von Nazareth für den glücklichsten Menschen, der je gelebt hat. Ich denke, daß die Kraft seiner Phantasie aus dem Glück heraus verstanden werden muß. Alle Phantasie ist ins Gelingen verliebt. Sie läßt sich etwas einfallen und sprengt immer wieder die Grenzen und befreit die Menschen, die sich unter diesen Grenzen in Opfer und Entsagung, in Repression und Rache ducken und sie so ewig verlängern. Jesus erscheint in der Schilderung der Evangelien als ein Mensch, der seine Umgebung mit Glück ansteckte, der seine Kraft weitergab, der verschenkte, was er hatte. Das konventionelle Bild von Jesus hat immer seinen Gehorsam und seinen Opfersinn in den Vordergrund gestellt. Aber Phantasie, die aus dem Glück geboren wird, scheint mir eine genauere Beschreibung seines Lebens.
(Dorothee Sölle)

Das Glück

Das Glück hat Phantasie. Es ist die Phantasie für andere, die glücklich macht.
Der Stumpfe, der Abgestumpfte in Freundschaft und Ehe lebt phantasielos, in sich selbst verkrampft. Der schnelle Einfall, die spontane Aktion, die »Was fällt dir denn ein – Zärtlichkeit« unterliegen plötzlich der Berechnung, gehen kaputt am buchhälterischen Denken, das nicht aus dem alten Glück, sondern aus einer Reihe böser Erfahrungen geboren wurde.
Die Phantasie aber macht Sprünge, hält einen Busch bunter Blumen bereit mitten im Alltag, sagt: Ich habe einen Menschen, – welches Glück, einen Menschen zu haben!
Die kühne Behauptung, Jesus sei der glücklichste Mensch gewesen, der je gelebt hat, ist ein Bekenntnis des Glaubens, der mit Jesus Erfahrungen machte, zum Beispiel die:
Man hatte sie, so wird erzählt, in flagranti ertappt. Nach geltendem Recht waren Ehebrecherinnen hinzurichten. Die Kläger sind schnell zur Stelle, und Steine gibt es genug. Sie werden den Willen einer Männergesellschaft exekutieren, sie werden mit Steinwürfen die Ordnung wiederherstellen. Jesus, scheinbar unbeteiligt, von den Klägern befragt, antwortet: Wer unter euch ohne Sünde ist, der werfe den ersten Stein auf sie!
Sie werfen nicht. Sie lassen die Steine fallen und gehen beiseite. Die Phantasie des glücklichsten Menschen beschämte und überführte sie.
Das, in der Tat, ist phantastisch. Die gelungene Phantasie des glücklichsten Menschen bewahrt das Leben vor dem Tod, geht in Protest gegen eine Ordnung, die so ordentlich ist, über Leichen zu gehen.
Dieses Glück ist ansteckend.
Man erkennt die Christen in der Ehe vornehmlich daran, ob es ihnen glückt, ihre Phantasie am Leben des glücklichsten Menschen zu entzünden.

Gott ist Liebe; Und wer in der Liebe bleibt, der bleibt in Gott und Gott in ihm. Darin ist die Liebe völlig bei uns, daß wir Zuversicht haben am Tage des Gerichts; denn gleich wie er ist, so sind auch wir in dieser Welt. Furcht ist nicht in der Liebe, sondern die völlige Liebe treibt die Furcht aus; denn die Furcht muß vor der Strafe zittern. Wer sich aber fürchtet, der ist nicht völlig in der Liebe.
Lasset uns lieben, denn er hat uns zuerst geliebt.
So jemand spricht: Ich liebe Gott und haßt seinen Bruder, der ist ein Lügner, denn wer seinen Bruder nicht liebt, den er sieht, wie kann er Gott lieben, den er nicht sieht?
Und dies Gebot haben wir von ihm, daß, wer Gott liebt, daß der auch seinen Bruder liebe.
(1. Johannes-Brief, Kapitel 4, 16b–21)

Ihr Lieben lasset uns einander liebhaben; denn die Liebe ist von Gott, und wer liebhat, der ist von Gott geboren und kennt Gott. Wer nicht liebt, der kennt Gott nicht, denn Gott ist Liebe. Darin ist erschienen die Liebe Gottes unter uns, daß Gott seinen eingeborenen Sohn gesandt hat in die Welt, daß wir durch ihn leben sollen. Darin steht die Liebe: Nicht, daß wir Gott geliebt haben, sondern daß er uns geliebt hat und gesandt seinen Sohn zur Versöhnung für unsere Sünden.
(1. Johannes-Brief, Kapitel 4, 7–10)

Zuerst geliebt

Daß Liebe und Liebe sich den Rang streitig machen, ist eigentlich undenkbar.
Wer in der Liebe der Erste sein will, versteht die Liebe nicht.
Vom ersten Tage an haben wir dich geliebt, sagen die Eltern.
Dagegen ist das Kind natürlich wehrlos.
Und es weiß, daß seine Gegenliebe immer schon zu spät kommen wird.
Ich habe dir meine Liebe zuerst geschenkt, sagt der Mann zu seiner Frau. Und indem er den Anspruch auf Anfang erhebt, überläßt er seine Frau dem hilflosen Zustand der bloßen Erwiderung. Wer so denkt, wer so redet, hat zuerst sich selbst geliebt. Er beweist seine Unfähigkeit, irgend jemanden zu lieben.
Laßt uns lieben, denn Er hat uns zuerst geliebt.
Dieser Satz der Bibel ist verwundbar, kann katastrophal mißdeutet werden, wenn man ihn ohne Glauben liest.
Zur Liebe, die auf jedes Zuerst verzichtet, gehört der Glaube.
Der Glaube weiß zum Beispiel, daß die eigene Liebe einen Ursprung hat. Der Ursprung ist mit unserer Art zu lieben nicht verrechenbar, geht in keiner Ehe, keiner Freundschaft, keinem Kind-Eltern-Verhältnis restlos auf.
Gott ist Liebe. Wir lieben nur, weil wir längst geliebt sind. Und diese Wahrheit ist keine Frage des Bewußtseins, sondern Sache des Glaubens, der seine Augen auf Jesus richtet.
Daran kann man sehen, daß es jedenfalls nicht gleichgültig ist, was und woran Eheleute glauben. Glauben sie nichts, glauben sie zum Beispiel nicht, daß ihre Liebe einen Ursprung hat, dann werden sie eines Tages alles glauben. Und das ist schlimm. Dann werden sie anfangen, einander vorzurechnen, wer Anspruch auf das Zuerst erheben darf.
Liebe ist nicht verrechenbar, weil sie einen Ursprung hat.
Zuerst?
In Sachen Liebe und Ehe ist niemand der Erste.

Darum wisse, daß die Ehe ein äußerlich leiblich Ding ist, wie andere weltliche Hantierung. Wie ich nun mag mit einem Heiden, Türken, Juden, Ketzer schlafen, essen, trinken, gehen, reiten, kaufen, reden und handeln, also mag ich auch mit ihm ehelich werden und bleiben. Und kehre dich an der Narren Gesetze, die solches verbieten, nichts. Man find wohl Christen, die ärger sind im Unglauben inwendig, denn kein Jude, Heide, Türke oder Ketzer. Ein Heide ist ebensowohl ein Mann und Weib von Gott wohl und gut geschaffen als Sankt Peter und Sankt Paul und Sankt Lucia, geschweige denn als ein loser falscher Christ.
(Martin Luther)

Ehe – weltlich

Was für unsere Großväter möglicherweise echtes Lebensgefühl war, ist zur Karikatur entartet:
Ehe als Verbindung gleichgestimmter Seelen,
Ehe als Vollendung menschlicher Selbstfindung,
Eintritt in den Ehestand markiert durch Ritus und Weihe.
Inzwischen aber überzog der bürgerliche Klebefilm höchst unappetitlich den Ehestand derart, daß er als christlicher unkenntlich wurde.
Zwanghafte Klischees sind längst nicht abgebaut. Noch immer gehen Reinheitsvorstellungen spukhaft um (in den Köpfen von Männern) – der Partnerin mutet man den Gesinnungs- und Bildungsstand des Mannes zu – bis hin zu der Forderung, daß es schlußendlich doch besser sei, wenn die Gesangbücher übereinstimmen.
Es waren auch Christen, welche im Gefolge dieser Sorte Moral die helle Luft, die Luther atmete, weil er sein Neues Testament noch kannte, vernebelten. Nun tappt man herum und scheut sich eigentlich auszusprechen, was Luther frank und frei bekannte: Die Ehe ist ein weltlich Ding.
Die christliche Ehe besitzt keinerlei Vorrang vor anderen Ehen auch, sie garantiert keine absonderlichen Qualitäten. Nur der Narren Gesetze knüpfen Liebe und Partnerwahl an Konditionen. Daran soll man sich nicht kehren.
Wie zum Exempel ist zu entscheiden, wenn evangelische Pfarrer katholische Frauen freien? Na, wie wohl?
Und was meint Luther dazu?
Ein Moslem heiratet eine Christin. Wenn sie denn wirklich eine Christin und er denn wirklich ein Moslem ist, was steht dagegen?
Nüchternheit ist eine der christlichsten Tugenden und eine der verschmähtesten dazu. Den Ehestand nüchtern anzusehen heißt, ihm seine Würde zu bewahren.

Ehen werden weder durch die Kirche, noch durch den Staat geschlossen und empfangen auch nicht erst durch diese Institutionen ihr Recht. Die Eheschließung erfolgt vielmehr durch die beiden Ehegatten. Die Tatsache, daß die Ehe öffentlich vor dem Staat und vor der Kirche geschlossen wird, bedeutet nichts als die öffentliche staatliche und kirchliche Anerkennung der Ehe und der ihr innewohnenden Rechte. Das ist lutherische Lehre.
(Dietrich Bonhoeffer)

Trauung kirchlich

Kirchliche Trauung – warum?
Die einfache Frage kann Mißverständnisse und eine Portion unbewußter Heuchelei aufdecken; meistens macht sie hilflos. Nicht selten spielt das junge Paar die Rolle der Hinterbliebenen, welche gegen das Fatum der Trauung und gegen die Schwiegermütter keine rationalen Argumente besitzen. Im Zustand der Schüchternheit lassen sie etwas an sich geschehen, wozu sie kaum einen Zugang haben; sind bestenfalls über-

rascht, wenn die Traupredigt sie gegen alle Erwartung zum Zuhören brachte.
Im übrigen ist alles da: das weiße Kleid, (neuerdings wieder die weiße Kutsche), die Taschentücher für alle Fälle, Orgelspiel und Glockengeläut, der Toast aufs junge Glück und das Gähnen der Erfahrenen – und vorab natürlich der Gang zu einem, den man nicht kennt, von dem man aber dennoch ein »persönliches« Wort zum Eheleben erwartet.
Kirchliche Trauung – warum?
Aber, lieber Herr Pfarrer, ohne die Trauung fehlt doch was! Dieser – die schlechthinnige Abhängigkeit des Menschen witternd und nutzend – hat die Stirn zu sagen: Ja, Sie vermuten richtig. Er traut und gibt durch Zeremoniell und Aussage zu verstehen, daß Kirche vervollständigt, was vorher nur unvollständig vorhanden war. Er traut und kapituliert – zuweilen in merkwürdiger Solidarität mit den Eheleuten – vor diesem Hundert-Dollar-Mißverständnis, das unausrottbare Irrtümer zeugt.
Nein, die Ehe ist geschlossen durch die Eheleute längst vor dem Gang zum Pfarramt. Ehe geht der Kirche und ihren Handlungen voraus. Der Pfarrer schließt die Ehe nicht, hat nichts zu komplettieren, was sich vorher im Zustand der Unvollkommenheit befand. In der Trauung dient die Kirche den Eheleuten mit dem Wort – dem einzigen Geschenk, das die Kirche zu vergeben hat. Dieses Wort zur Ehe unter Christen werden nur diejenigen begehren, die immer noch oder erneut etwas vom Wort, das wir uns selbst nicht sagen können, erwarten. Wie viele oder wie wenige das sind, darf niemanden irritieren.
Just hier wäre theologische Aufklärung allen Betroffenen hilfreich als eine Art Ausgang der Kirche aus selbstverschuldeter Unmündigkeit.
Nur nach stattgehabter Aufklärung lassen sich vielleicht weißes Kleid samt anderen freundlichen Traditionen gegen die Lieblosigkeit der Neugeschmäckler verteidigen.
Erst wenn die Kirche und die Schwiegermütter erzogen wurden, braucht man nicht mehr ungezogen von der Trauung zu denken.

Von Christus ist zu lernen:
Je glücklicher einer ist, um so leichter kann er loslassen. Seine Hände krampfen sich nicht um das ihm zugefallene Stück Leben. Da er die ganze Seligkeit sein nennt, ist er nicht aufs Festhalten erpicht. Seine Hände können sich öffnen.
(Dorothee Sölle)

»... aber ich lasse dir die Freiheit, auch jemand zu sein, für den ich dich nicht gehalten habe ...«

Festhalten – loslassen

Bild:
Reichet einander die rechte Hand!
Die Hand der jungen Frau ist weiß und schmal, das Gold des neuen Eheringes macht sie noch durchscheinender. Wie erschreckt von der liturgischen Aufforderung, scheint sie einen Augenblick etwas hilflos in der Luft zu schweben, taubenähnlich, bis er zugreift, zupackt, festhält, was er hat. Muskeln und Adern seiner Hand sind gespannt, – die Hand der jungen Frau ist fast verschwunden, wie verschluckt. Eine Hand frißt die andere. Der ohne Zweifel hält ein für allemal fest, wovon er Besitz ergriff.
Diese Art der Besitzergreifung, des herrschsüchtigen Zugriffs wird gesellschaftlich legitimiert und kirchlich abgesegnet.

Gegenbild:
Sie stehen sich gegenüber, leicht verlegen, unsicher. Aber in der freundlichen Unsicherheit liegt ihr Versprechen. Sie stehen sich gegenüber mit lockeren, offenen Händen. Ihre Hände sind ihnen jetzt nicht so wichtig, während sie einander in die Augen sehen. Seine Hand berührt leicht ihre Schulter. Es dauert lange, bevor er ruhig ihre Hand ergreift, ohne sie aus den Augen zu lassen.
Der Händedruck verspricht:
Ich gehöre dir – darum kann ich dich loslassen.
Die Umarmung zeigt:
Ich gehöre dir – aber ich will dich nicht besitzen.
Liebe kann loslassen, wenn sie glückt.
Die Kunst des Loslassens bewirkt angespannteste Erwartung, macht Ehe zu dem, was sie sein soll: Risiko und Abenteuer. Nur berühren – nicht festhalten!
Das unverdientermaßen zugefallene Stück Leben berühren, Nähe schaffen; aber – um Christi willen – nicht festhalten: nicht die Frau, nicht den Mann, nicht die Kinder.

Ihr habt gehört, daß gesagt ist: »Du sollst nicht ehebrechen!
Ich aber sage euch: »Wer eine Frau mit begehrlichen Augen ansieht, der hat in seinem Herzen schon die Ehe gebrochen.«
(Mattäusevangelium Kapitel 5,27)

Habenwollen

Der Begehrliche zerstört die Schönheit.
Besitz und Schönheit schließen einander aus.
Dinge mag man besitzen, aber auch diese verlieren
ihren Glanz unter dem wohlgefälligen Blick des Eigentümers,
der fängt an, den Wert abzuschätzen,
die Kapitalanlage zu bedenken, den Verlust zu fürchten.
Das rote Feuer des böhmischen Rubinglases
erlischt unter den Augen des Sammlers.
Die aufgrund von Eheverträgen rechtmäßigen Besitzer
schöner Frauen sind nicht selten die schamlosesten Ehebrecher.
Sie, die die Frau und die Schönheit in den erniedrigenden
Zustand eines Besitzverhältnisses brachten, werden nicht
ablassen, ihre Lust am Eigentum zu mehren; werden eine
eigentümliche Sammelleidenschaft entwickeln, werden sich
neue Objekte ihrer Besitzlust verschaffen.
Die Frau als Lustobjekt ist im Grunde nur in einer
Gesellschaft denkbar, deren Kapitalinteresse jede Form
von Besitztum heiligt.
Jesus sieht klar: als ob es noch auf die formale Scheidung
ankäme, wenn die Begehrlichkeit der Besitzer längst schied,
was eins sein sollte.
Es ist gut, eine schöne Frau anzusehen, zu bewundern, sich
vielleicht auf der Straße nach ihr umzudrehen – warum
nicht? Wenn man an der Niedertracht der Begehrlichkeit
vorbeikommt, wenn man in der Nachfolge Jesu gelernt hat,
der Schönheit standzuhalten, ohne haben zu wollen!
Nicht-haben-wollen kann nur der, der liebt.

Einmal stand während eines Gesprächs ein Schriftgelehrter auf, wollte Jesus eine Falle stellen und fragte: Meister, was muß ich tun, daß Gott mir ewiges Leben gibt? Jesus entgegnete: Was steht denn in den Büchern des Gesetzes? Was liest du dort? Jener antwortete: Du sollst Gott, deinen Herrn, lieben aus ganzem Herzen und ganzer Seele, mit ganzer Kraft und mit allen deinen Gedanken – und deine Mitmenschen, also die Menschen, die dir am nächsten stehen, lieben wie dich selbst.

Jesus bestätigte: Du hast richtig geantwortet; tu das, so wirst du das ewige Leben finden. Er aber wollte seine Frage noch einmal begründen und fragte: Wer ist denn mein Mitmensch? Da nahm Jesus die Frage auf und erzählte die folgende Geschichte:

Ein Mann ging von Jerusalem nach Jericho hinab durch die Judäische Wüste und wurde von Räubern überfallen. Die zogen ihn aus, schlugen ihn zusammen, gingen davon und ließen ihn halbtot liegen. Zufällig kam ein Priester denselben Weg. Als er ihn sah, wich er auf die gegenüberliegende Seite aus und ging vorbei. Ebenso ein Kirchendiener: Als er an die Stelle kam und ihn sah, wich er aus und ging vorbei.

Ein Samariter indessen, ein Ungläubiger, der auf der Reise dorthin kam und ihn sah, kümmerte sich um ihn, ging zu ihm hin, verband seine Wunden und goß Öl darüber. Dann setzte er ihn auf sein Lasttier, führte ihn in ein Gasthaus und sorgte für ihn. Am andern Tag zog er ein paar Mark heraus, gab sie dem Wirt und fügte hinzu: Sorge für ihn, und wenn du seinetwegen weitere Auslagen hast, will ich sie dir ersetzen, wenn ich wieder vorbeikomme.

Was meinst du: Wer von den Dreien ist dem von den Mördern Überfallenen ein Mitmensch geworden?

Er antwortete: Der sich um ihn gekümmert hat. Da sagte ihm Jesus: Geh und tu, was dem in deinem Leben entspricht!

(Lukasevangelium, Kapitel 10, 25–36)

Barmherzigkeit

Die Barmherzigkeit hat abgewirtschaftet in einer Gesellschaft, die heimlich das Faustrecht übt. Sie sieht danach aus – die Gesellschaft. Wenn die Erziehung des Menschengeschlechtes dahin zielt, das Recht auf menschenwürdiges Leben mit Faust und Ellenbogen zu suchen, wird die Barmherzigkeit aus dem Wortschatz gestrichen.
Nichts schlimmer – so sagen sie heute – als diese windelweiche Barmherzigkeit unter Eheleuten, das Beieinanderbleiben aus Mitleid zum Beispiel. Wieder einmal wird das schlichte Tun der Barmherzigkeit mit selbstgefälligem Mitleid verwechselt. Jesus aber läßt die Verwechslung nicht zu. Er hat dieses Wort im Gleichnis getauft, für uns gebrauchsfähig gemacht – vielleicht, um Eheleute, die die Liebe nicht mehr verstehen, zu belehren, daß da noch die Barmherzigkeit ist.
Mir ist im Augenblick gleichgültig, ob ich die Pointe des Samaritergleichnisses versäume, wenn ich sage:
Eheleute werden sich fraglos irgendwann wechselseitig im Straßengraben bei Jericho vorfinden. Einmal sie, einmal er. Das geschieht völlig unverhofft. Just dann wird es nicht auf die Beschwörung großer Gefühle oder auf das gute Zureden ankommen, sondern auf die Tat, die zupackende Barmherzigkeit, welche Entscheidungen trifft, die der Partner nicht mehr treffen kann. In der Praxis stellt sich heraus, daß dazu jene Samariter, bekannt als Skeptiker der Ehe, mehr befähigt scheinen als die Liebhaber ehelicher Ordnung, welche am Elend des Partners vorbeigehen und um ihrer Seelenruhe willen sprechen: »Da siehe du zu!« Der Samariter aber in der Ehe steigt ab vom hohen Roß und stellt seine Füße auf die Erde, an die Seite des Partners, wo sie hingehören, weicht nicht, bis wirklich geholfen wurde.
So dürfen wir handeln, die wir nebeneinander liegen und doch auf hohem Roß sitzen bleiben, während der andere unter die Räuber fiel. Ihr könnt, was ihr sollt, sagt Jesus.

Selbst der Ehemann als Räuber erhält die einmalige Chance, sich zum Samariter zu bekehren und zu zeigen, daß Barmherzigkeit nichts mit Mitleid, wohl aber mit der Liebe zu tun hat.

Und es begab sich, daß Jesus am Sabbat durch ein Kornfeld ging; und seine Jünger fingen an, indem sie gingen, Ähren auszuraufen.
Die Pharisäer sprachen zu ihm: Siehe zu, was tun deine Jünger am Sabbat, was nicht recht ist? Und er sprach zu ihnen: Habt ihr nie gelesen, was David tat, da er in Not war und ihn hungerte samt denen, die bei ihm waren? Wie er ging, in das Haus Gottes zur Zeit Abjathars, des Hohenpriesters, und aß die Schaubrote, die niemand essen darf – als die Priester, und er gab sie auch denen, die bei ihm waren? Und er sprach zu ihnen:
Der Sabbat ist um der Menschen willen gemacht und nicht der Mensch um des Sabbats willen. So ist des Menschen Sohn auch ein Herr über den Sabbat
(Markusevangelium Kapitel 2, 23-28)

Für den Menschen – für wen sonst?

Die Ehe ist um des Menschen willen gemacht,
und nicht der Mensch um der Ehe willen.
Das gilt ohne Abstriche, wenn Ehe ausschließlich unter den Gesichtspunkt der Ordnung, des sozialen Kontraktes betrachtet wird. Das gilt insbesondere, wenn Ehe zur veräußerlichten Normerfüllung unter wechselnden religiösen und moralischen Gesetzen verkommt, hinter deren Maske sich Gleichgültigkeit und Barbarei breitmachen.
Für Christen bedeutet das: Wenn der Menschensohn Herr ist über den Sabbath, dann ist die Liebe Herr über die Ehe, dann wird die Liebe der Ehe und der menschenfeindlichen Inhalte der Ehe Herr.
Und es begab sich, daß sie zusammenlebten wie Mann und Frau in einer Kölner Sozialmansarde. Und die typischen Nachbarn sprachen: Was tun die Leute, was nicht recht ist – wobei sie voraussetzten, daß sie selbst tun, was recht ist, in ihren gesegneten Ehen. Da antwortete Jesus: Ihr Heuchler! Ihr ausgerechnet werft euch auf zu Richtern über die Liebe. Ich sage euch: Die Ehe ist gut. Die Ehe ist um des Menschen willen gemacht, und nicht der Mensch um der Ehe willen.

Ziehet an, als die Auserwählten Gottes, als die Heiligen und Geliebten, herzliches Erbarmen, Freundlichkeit, Demut, Sanftmut, Geduld; und vertrage einer den andern und vergebet euch untereinander, wenn jemand Klage hat wider den andern; gleich wie der Herr euch vergeben hat, so auch ihr. Über alles aber ziehet an die Liebe, die da ist das Band der Vollkommenheit; und der Friede Christi regiere in euren Herzen.
(Kolosserbrief Kapitel 3, 12–15a)

»Gott schenkt euch Christus als den Grund eurer Ehe. ›Nehmet euch untereinander auf, gleich wie euch Christus aufgenommen hat zu Gottes Lobe.‹
(Römerbrief, Kapitel 15, 7)

Mit einem Worte: Lebt miteinander in der Vergebung eurer Sünden, ohne die keine menschliche Gemeinschaft, erst recht keine Ehe bestehen kann. Seid nicht rechthaberisch gegeneinander, urteilt und richtet nicht übereinander, erhebt euch nicht übereinander, schiebt nie einander die Schuld zu, sondern nehmt euch an, wie ihr seid, und vergebt einander täglich und von Herzen.«
(Diese Sätze hat Dietrich Bonhoeffer im Mai 1943 aus seiner Gefängniszelle in einer Traupredigt geschrieben.)

Vergebung

Vergeben und vergessen. Natürlich spielt das, was sich als Slogan leicht hersagt, inhaltlich in jeder Partnerschaft eine gewichtige Rolle. Es fragt sich nur, ob das Vergeben im christlichen Verständnis mit dem Vergessen Hand in Hand geht. Das ist mindestens zu bezweifeln. Wer vergibt, muß nicht vergessen.

Vergeben heißt schlicht, die Hand neu ausstrecken, miteinander reden, beieinander bleiben, einen Anfang machen. Setzt nicht nach zugefügter Enttäuschung und eingesteckter Ohrfeige der Neuanfang zwischen Partnern gerade die präzise Erinnerung voraus?

Vom Vergeben leben alle. Daß Vergebung nicht nur ein Wort ist, sondern Wahrheit vertritt und Wirklichkeit beschreibt, zeigen viele Jesusgeschichten. Man sollte sich ihrer erinnern in Ehe und Freundschaft. Man darf sich ohne Beschämung des Vaters erinnern, der dem verlorenen Sohn entgegengeht, ihn umarmt, annimmt und das Fest der erneuerten Liebe feiert. Jesus zum Beispiel vergibt, statt vom Vergeben zu reden.

Vergebung bleibt auf Schuld bezogen. Schuld sitzt und wächst in jedem Verhältnis, das Menschen mit Menschen eingehen. Sie baut schier unüberwindliche Mauern just in der Ehe. Dabei ist Schuld nie zuerst sittlicher Verstoß gegen irgendeinen herzählbaren Tugendkatalog, sondern Ur-Egoismus, Ichbezogenheit dort, wo einem in der Ehe das Du den Weg verstellt, Eigensucht in der Maske der Liebe (Ich will dich doch nicht verlieren – um meinetwillen! Was sollen die Leute sagen? Denke doch an die Kinder!) Wenn das erkannt ist, dann kann der Christ das Wort von der Vergebung nicht loslassen, nicht ausklammern, um keinen Preis. Denn in dieser Erkenntnis ruht schon ein Stück jener Befreiung, die Christus schenkt und die der Glaube annimmt.

Christen bleiben auf Vergebung angewiesen, erhalten die Erlaubnis, beieinander bleiben zu dürfen (das äußert sich körperlich, erotisch, materiell), neu anzufangen, nicht als sei nichts geschehen, sondern im bewußten Annehmen der Schuld, die den Anfang einfordert.

»Da trat Petrus zu ihm und sprach: Herr, wie oft muß ich denn meinem Bruder, der an mir sündigt, vergeben? Ist's genug siebenmal? Jesus sprach zu ihm: Ich sage dir: nicht siebenmal, sondern siebenzigmal siebenmal!«

Es ist kaum zu glauben und dennoch wahr: Der Christ kann, was er soll.

Es ist seit ältesten Zeiten Sitte bei euch, daß, wer sich von seiner Frau trennen will, der Scheidung eine rechtliche Form gibt und sie beurkundet, damit die Frau geschützt und alles in Ordnung ist.
Ich aber sage euch:
Jeder, der sich von seiner Frau trennt, macht sie zur Ehebrecherin, es sei denn, sie habe zuvor die Ehe gebrochen. Und wer mit einem Geschiedenen eine neue Ehe eingeht, bricht die Ehe.
(Matthäusevangelium Kapitel 5, 31-32)

Rechtens und in Ordnung

Die schönste Scheidung läßt Schuldige zurück.
Ehevertrag – Trennungsvertrag – Scheidung:
die stark beunruhigten bürgerlichen Gewissen dürfen wieder Platz nehmen auf den Sitzkissen dieser nachchristlichen Gesellschaft.
Mein Rechtsanwalt hat gesagt, das Gericht hat geurteilt – ich war natürlich von vornherein im Recht –, mein Standpunkt ist identisch mit dem geltenden Recht, dieser geregelten Örtlichkeit, in der ich ein wohlachtbarer Bürger bleibe.
Im Namen des Volkes (in wessen Namen, bitte?) ergeht in der Streitsache 77/10782 folgendes Urteil: ...
Alles in Ordnung!
Jesus tritt ein für die Leichen, die auf der Bühne zurückbleiben.
Nichts ist nämlich in Ordnung, weil geltendes Recht die Verantwortung nicht aufhebt – für den Partner – nach der Scheidung.
Ich aber sage euch: Es ist nicht bloß zu fragen, ob alles in Ordnung kommt, sondern wo der andere bleibt – nach stattgehabtem Prozeß.
Der ist mir egal! Der andere!
Eben.
Über dieses Urteil wird ein anderes Gericht urteilen aufgrund von Rechtssätzen, welche im Bürgerlichen Gesetzbuch nicht vorgesehen sind. Maßstab wird sein der Mensch, den Menschen an den römischen Galgen brachten.
Wie gesagt: Die schönste Scheidung läßt Schuldige zurück.
Was wird aus ihr?
Was wird aus ihm?
Wer macht wen zu was?

Man sollte wissen, daß es Christen nicht um die »Institution Ehe« geht, um Ordnung an sich, – immer und ausschließlich geht es um den Menschen. So wahr Ehe entfremden kann – existiert sie überhaupt nur institutionell –, so wenig muß Scheidung befreien. Nie ist bloß das Aufatmen da, sondern ebenso der Albdruck, der Blutverlust und das steinerne Herz.

Tisch und Bett

Scheidung als freundliches Adieu, blumenwinkend, auf dem Bahnhof, trete ich aus der Halle in Erwartung neuer Menschen. Scheidung ohne verletzenden Nachtrag; Gemeinsames wird bewahrt, liegt gebündelt im Tresor einer Vergangenheit, deren man sich nachsichtig erinnert.
Nicht wahr – wir verstehen uns, auf neuer Basis sozusagen, nach Auflösung unserer Verhältnislosigkeit treten wir ein in eine kornblumenblaue Beziehung höherer Art. Über unserem Abschied liegt die zärtliche Melancholie, welche sich Leute unserer Gehaltsklasse leisten können.
Das kommt in Filmen der gehobenen Mittelklasse zur Vorstellung. Das ist Talmi schlimmster Sorte, Kitsch, der nicht einmal mehr zum Haß befähigt.
Scheidung scheidet. Am Ende gewinnt immer das Abscheuliche die Oberhand, die Veröffentlichung von Intimität, die Wendung nach außen, der Bruch von Vertrauen, den Scheidung – wie auch immer – notwendig macht. Fragt die Erfahrenen, fragt die, die sich Freundlichkeit füreinander, das bekannte gute Wort bewahren wollten. Nicht Ehe wird zerrüttet, Menschen werden zerrüttet, zu Handlungen gezwungen, deren sie sich vormals schämten. Worauf Liebende niemals bestehen, worauf allenfalls gegenüber Dritten bestanden werden muß, auf Recht und Eigentum –, das gerade tritt in die Mitte des Streites.
Scheidung scheidet, treibt das Subjekt in Schizophrenie, weil nicht nur die eigene Psyche, sondern die Verhältnisse böse Rache nehmen. Adorno sagte einmal: »Gewährt die Ehe eine der letzten Möglichkeiten, humane Zellen im inhumanen Allgemeinen zu bilden, so rächt das allgemeine sich in ihrem Zerfall, indem es des scheinbar Ausgenommenen sich bemächtigt, es den entfremdeten Ordnungen von Recht und Eigentum unterstellt und die verhöhnt, die davor sich sicher wähnten. Gerade das Behütete wird zum grausamen Requisit des Preisgegebenseins.«

Heutzutage aber, unter der wachsenden Einsicht, daß jede Ehe zur Scheidung führen kann, ganz unabhängig davon, wie einander ergeben, wie gewissenhaft, wie verliebt die beiden Gatten ursprünglich waren, ist die Ehe etwas, was jeden Tag neu erarbeitet werden muß.
(Margaret Mead)

Erarbeiten

Wenn vom Erarbeiten die Rede ist, bleibt der muntere Bissen in der Kehle stecken.

Das geht so ernst und schwer, so in Ketten daher, das rasselt und produziert den bösen Blick: Ehe erarbeiten.
Ich arbeite eigentlich genug – und nun auch noch in der Ehe.
Freier, fröhlicher, selbstverständlicher habe ich mir das Ganze gedacht, für meine schöne Freundin und mich gemacht:
Ehe – ein Stück erlöstes Land, unverbrannte Erde,
das gemeinsame Glück von der Hand in den Mund genießen,
die grauen Pläne aufrollen und wegstecken,
nach Hause kommen und das Fest feiern, jeder Tag ein Fest,
abendliche Krönung eines ungeliebten Tages,
Ehe, federleicht,
über der Couchgarnitur schwimmt die helle Sommerwolke,
flieht selbst bei starkem Nordwest nicht, –
habe ich gedacht.
Aber Bedrohung schafft Arbeit. Wer bedroht ist, muß in dieser entsetzlich gesetzlichen Art aktiv werden, arbeiten, daß der Schweiß auf der Stirn nicht mehr von der Träne im Auge zu unterscheiden ist. Auch in der Ehe. Gerade in ihr. Ich lebe unter der Drohung, Liebe zu verlieren, Dich aufs Spiel zu setzen durch irgendeine ahnungslose Leichtfertigkeit. Die Bedrohung schafft Arbeit. Nicht Du hast mir Arbeit gemacht, sondern diese angsttreibende Möglichkeit, mich von Dir zu entfernen, nicht zu erfahren, was Du fühlst, mich vor Deinen Wunden zu verschließen, schließlich zu verschweigen, was geredet sein muß.
Ehe will jeden Tag neu erarbeitet werden. Das, meine Liebe, ist schon eine traurige Wahrheit, aber eben die Wahrheit, ohne welche Liebe nur ein Wort bleibt.
Wir wollen für uns den Tisch decken.
Es wird sich schon irgendwo ein Rest Wein finden,
der die Zunge löst.
Wir wollen miteinander reden
von unserer Angst,
arbeiten,
für unsere Ehe.

Überhaupt, ist nicht im Verhältnis des Menschen zum Menschen viel mehr geheimnisvoll, als wir uns es gewöhnlich eingestehen? Keiner von uns darf behaupten, daß er einen andern wirklich kenne, und wenn er seit Jahren täglich mit ihm zusammenlebt. Von dem, was unser inneres Erleben ausmacht, können wir auch unserem Vertrautesten nur Bruchstücke mitteilen. Das Ganze vermögen wir weder von uns zu geben, noch wären wir imstande es zu fassen. Wir wandeln miteinander in einem Halbdunkel, in dem keiner die Züge des andern genau erkennen kann. Nur von Zeit zu Zeit, durch ein Erlebnis, das wir mit dem Weggenossen haben, oder durch ein Wort, das zwischen uns fällt, steht er in einem Augenblick neben uns, wie von einem Blitze beleuchtet. Da sehen wir ihn, wie er ist. Nachher gehen wir wieder, vielleicht für lange, im Dunkel nebeneinander her und versuchen vergeblich, uns die Züge des andern vorzustellen.

In diese Tatsache, daß wir einer dem andern Geheimnis sind, haben wir uns zu ergeben. Sich kennen, will nicht heißen, alles voneinander wissen, sondern Liebe und Vertrauen zueinander haben und einer dem anderen zu glauben. Ein Mensch soll nicht in das Wesen des andern eindringen wollen. Andere zu analysieren – es sei denn, geistig verirrten Menschen wieder zurechtzuhelfen – ist ein unvornehmes Benehmen. Es gibt nicht nur eine leibliche, sondern auch eine geistige Schamhaftigkeit, die wir zu achten haben. Auch die Seele hat ihre Hüllen, deren man sie nicht entkleiden soll. Keiner darf zum andern sagen: Weil wir so und so zusammengehören, habe ich das Recht, alle deine Gedanken zu kennen. Nicht einmal die Mutter darf so gegen ihr Kind auftreten. Alles Fordern dieser Art ist töricht und unheilvoll. Hier gilt nur Geben, das Geben deckt. Teile von deinem geistigen Wesen jenen, die mit dir auf dem Wege sind, soviel mit, als du kannst, und nimm als etwas Kostbares hin, das dir von ihnen zurückkommt.
(Albert Schweitzer)

Wohin denn ich?

Wir haben unser Vokabular erfolgreich elektrifiziert.
Neuerdings wird Nähe durch den Kontakt ersetzt.
Kontakte sind herstellbar.
Das Handwerk der Psychonautik blüht,
steht allenthalben in Ehren.
Deine Probleme, mein Lieber, sind mechanistisch lösbar.
Der Rückschluß vom Verhalten der Graugänse
auf dein Eheverhalten liegt nahe.
Kontaktverhalten, Verhaltensforschung –
sie haben die Methode zur Ehre der Altäre erhoben.
Du sagst, du hättest jeden Kontakt zu deiner Frau verloren.
Wenn es nur das ist.
»Unser eingespieltes Team von Fachleuten –
alle mit Ingenieurdiplom –
steht gerne zu ihrer Verfügung.«
Geh zu den Heilern,
sie biegen dich,
sie biegen dir deine Frau zurecht.
Einbruchsversuch in die Seele des Partners
Plötzlich hast du das,
das neue Feeling der Selbsttäuschung,
des Gruppenbetrugs.
Am Ende steht jeder für sich und Gott gegen alle.
Zuweilen, mein Freund, – ich sage: zuweilen –
übertrifft der Schwachsinn der Heiler
die Krankheit der Patienten bei weitem.
Aber, wohin denn ich?
Frag deine Frau vielleicht so:
»Wie soll ich meine Seele halten, daß sie nicht an deine rührt?«
(Rilke)

Das ideale Bild ist leicht skizziert: eine Ehe ohne Schande ist die, welche die Partner von der Verfolgung niedriger Interessen befreit. Er und sie leben in der Ehe ihr eigenes, nicht entfremdetes Leben. Das setzt die Freiheit von der Verfolgung ökonomischer Interessen voraus, die – neben anderen – bekanntlich Ehe zur Interessengemeinschaft degradieren so, wie sie aus Mann und Frau Interessenten werden läßt. Eine »anständige Ehe« wäre erst eine, »in der beide ihr eigenes unabhängiges Leben für sich haben, ohne die Fusion, die von der ökonomisch erzwungenen Interessengemeinschaft herrührt, dafür aber aus Freiheit die wechselseitige Verantwortung füreinander auf sich nähme« (Adorno)? Die Ehe als Interessengemeinschaft, bedeutet sie »unweigerlich die Erniedrigung der Interessenten«?

Ohne Schande

Es sei das Perfide der Welteinrichtung, klagte Adorno, daß sich keiner der Erniedrigung in der Ehe entziehen könne: der Erniedrigung durch die Verfolgung von Interessen.
Gewiß: Anständiger, sauberer, moralischer wäre – das Ideal. Der Sprung vom Reich der Notwendigkeit ins Reich der Freiheit gelingt – im Kopfe.
Hier aber muß die Esse rauchen und die Suppe dampfen. Hier will das Salz zum Brot verdient sein. Der ideale Schwung schöner Träume setzt keinen einzigen Zahlungstermin aus.
Wir zwei, sie und ich, stehen in einem Arbeitsverhältnis, das freilich auch ein Interessenverhältnis ist. Wir sind aneinandergebundene Interessenten, denen die einfache Mathematik leicht herzählt, was sie sich alles nicht leisten können; deren ausgesprochenes Interesse es ist, den Kindern Zukunft zu sichern; die so blöd nicht sind, genau zu wissen, welche Erniedrigungen sie sich gegenseitig zumuten.
Schließt das Ja zur Ehe nicht konsequent das Ja zu solcher Erniedrigung ein? Können im Notwendigen nicht dennoch Liebe und Freiheit aufleuchten? Hat denn dieses Überbau-Menschenbild, auf dem das Ideal sich erst breitmacht, überhaupt etwas mit uns beiden zu tun?
Und gelingt der dauernde Kampf gegen das Fatum der Ehe als sinnentleerter Interessengemeinschaft zu zweit nicht besser als allein? Der einzelne nämlich bleibt den Zwängen der Ökonomie nicht minder ausgeliefert als die Partner.
Mich wundert, wie häufig in Gedanken, die ich über die Ehe lese, zwar von der Ökonomie die Rede ist, nie jedoch von den Kindern.

Gerade die Stabilität der Ehe ist heute aber viel stärker gefährdet als früher, und zwar nicht nur, weil sie nicht mehr getragen wird von der sie umgebenden Großfamilie. Fast noch bedeutungsvoller ist es, daß etwa seit der Romantik (also etwa seit 1800, aber selbstverständlich gab es Ansätze schon früher) die Erwartungen, die »man« der Ehe gegenüber hegt, sehr gestiegen sind. Durch die Gemeinschaft mit dem einen Partner, der einen restlos »versteht«, erwartet man nämlich insgeheim oder offen eine Steigerung der eigenen »Persönlichkeit«. Infolgedessen wird nun die Suche nach jenem einen vollkommenen Partner (d. h. dem, der in vollkommener Weise zum andern paßt) das Hauptthema der Literatur, des Theaters usw. bis hin zu vielen Filmen. Es wird also hier viel mehr von der Ehe erhofft als früher, wo man die Dinge sehr viel nüchterner sah. Das hat z. B. auch auf die Formen des Verlöbnisses und der Eheschließung eingewirkt. Die hohe Erwartung hat sich freilich zugleich als Gefährdung der Ehe erwiesen, denn nun wurde die Gefahr akut, daß man schon bei geringen Anlässen die Frage aufwarf: Haben wir uns vielleicht geirrt? Gehören wir vielleicht gar nicht zusammen? Müssen wir nicht das Bündnis wieder lösen?
(Wolfgang Schweitzer)

Der vollkommene Partner

Je pausbäckiger die Ehe, desto stabiler ist sie wahrscheinlich. Es gehört schon ein gerütteltes Maß an Pausbäckigkeit dazu, dem modernen Ehe-Leistungsvergleich standzuhalten; den nämlich serviert inzwischen jede bessere Illustrierte frei Haus. Gesteigerte Erwartung fordert gesteigerte Leistung. Man sieht, daß Gesetze der freien Marktwirtschaft eindrucksvoll auf eheliche Partnerschaft anwendbar werden.
Frauen ganz unter sich ziehen beim Klatsch ihre Männer aus mit

jener verräterischen Rücksichtslosigkeit, die anzeigt, daß hochgeputzte Erwartung die Konditionen ihrer Ehe verändert.
Sie präsentiert ihre Rechnung:
»Wohin, mein Lieber, hast du es denn eigentlich gebracht?
Herr Dr. Meier kann seinen Mercedes abschreiben,
ganz zu schweigen von seinem Wochenendhaus in Domburg, –
wir hingegen haben Zeit, zwei Jahre Zeit zum Warten auf deine
Beförderung. Diese entsetzliche Langeweile nutzt mich ab,
deine Rückkehr von den endlosen Sitzungen tröstet mich
nicht, Leistungsverfall allenthalben,
der Lack blättert vom Bett, am Tisch – mag sein – hält er
noch vor. Ich aber will mich nicht abnutzen lassen,
will schön bleiben, will, daß du mir in den Mantel hilfst,
will ungeteilte Aufmerksamkeit, will dein Verständnis,
Geborgenheit und ein bißchen Luxus, will selbstverständlich
die Kinder, aber ebenso meinen Beruf (nur die Berufstätige
zählt bei der Abrechnung im Kegelclub).
Ich will mich bei der Entwicklung meiner Persönlichkeit von
dir nicht mehr behindern lassen. Denn du hältst eigentlich
keinen Vergleich aus, fällst überall durch, so klein bist du.«
Und der korrekte Kommunalbeamte in seiner Eigenschaft als
Ehemann fragt sich, ob er mit ihr nicht an einer gruppentherapeutischen Maßnahme teilnehmen sollte – diesem neuen Heilsweg der Bürger –, statt zu fragen:
Gehörten wir jemals zusammen – wenn Erwartungen die Gestalt aufgeblasener Fesselballons annehmen, wenn die Ehe kein
Standbein mehr hat, wenn Wünsche weit über dem Niveau der
Verhältnisse angesiedelt werden, wenn Partnerschaft die Fortsetzung des beruflichen Leistungsschwachsinns mit anderen
Mitteln bedeutet, wenn die angeblich moderne Ehe die Konstitution eines Zehnkämpfers verlangt?
Vielleicht, denkt der korrekte Kommunalbeamte in seiner Eigenschaft als Ehemann, vielleicht sind diejenigen doch im
Recht, die behaupten:
Die Veränderung gesellschaftlicher Verhältnisse und die Veränderung individueller Erwartungen bedingen einander.

Ein jeglicher Stand hat seine Verräter, auch der Ehestand hat sie. Ich meine nicht die Verführer, denn die sind ja nicht in den heiligen Ehestand getreten (Ich hoffe, diese Untersuchung trifft dich in einer Stimmung an, in der du über diesen Ausdruck nicht lächeln wirst); ich meine nicht die, welche durch eine Scheidung aus ihm ausgetreten sind, denn diese haben doch den Mut besessen, offenkundige Aufrührer zu werden; nein, ich meine die, welche allein in Gedanken Aufrührer sind, die sich auch nicht erkühnen, dies in einer Handlung sich äußern zu lassen, jene schäbigen Ehemänner, welche dasitzen und darüber seufzen, daß die Liebe sich in ihrer Ehe schon längst verflüchtigt habe, jene Ehemänner, die, nach einem Wort von dir, Wahnsinnigen gleich in ihrer Ehezelle sitzen und an den Eisenstangen schaben und von der Verlobung Süße phantasieren und von der Ehe Bitterkeit, jene Ehemänner, welche gemäß deiner richtigen Beobachtung zu den Leuten gehören, die jedermann, der sich verlobt, mit einem gewissen boshaften Vergnügen Glück wünschen. Ich kann dir nicht beschreiben, wie verächtlich sie mich bedünken und wie sehr es mich belustigt, wenn ein Ehemann dieser Art dich zum Vertrauten bekommt und wenn er vor dir alle seine Leiden ausschüttet, alle seine Lügen über die glückliche erste Liebe herleiert, und du dann mit schlauer Miene sagst: Ja, ich werde mich schon hüten, aufs Glatteis zu geraten und es dann ihn noch mehr erbittert, daß er dich nicht mithineinzureißen vermag in einen allgemeinen Schiffbruch (commune naufragium). Das sind jene Ehemänner, auf die du des öfteren zielst, indem du von einem zärtlichen Familienvater mit vier vermaledeiten Kindern sprichst, die er allesamt gern auf dem Blocksberg sähe.
(Søren Kierkegaard)

Schäbig

Wer verdient das Mitleid mitleidiger Christen?
Der Verführer? – Nein. Denn er ist handlungsfähig und auf Veränderung aus, geht das Risiko der Selbstzerstörung ein, indem er zuläßt, daß seine Opfer Rache nehmen; ist möglicherweise zu bedeutenden moralischen Schlüssen bereit, wenn er mit Rücksicht auf seine tödliche Leidenschaft einer Frau die Ehe nicht zufügt.
Der Aufrührer? – Nein. Denn er ist handlungsfähig und auf Neuerung aus, folgt einer Art Entschlossenheit, welche der Durchschnitt nicht kennt, bleibt tapfer in seiner Sünde, kann hassen, kann lieben und vielleicht eine Ehe unter moralischeren Bedingungen suchen.
Nein, unser Mitleid verdient der Verräter. Unser Mitleid trifft diesen mit Wucht.
Er nämlich ist der handlungsunfähige Ehemann, der den schäbigen Rest im Glase schwenkt, unschlüssig, diesen Rest zu trinken, oder wegzuschütten und das Glas zu zerschlagen.
Der schäbige Ehemann ist der Spießer, der die Schäbigkeit seiner Ehe beklagt, obgleich er deren Verursacher bleibt.
Der Verräter ist der schäbige Ehemann, der nicht die geringfügigste Veränderung seiner ehelichen Verhältnisse zustande kriegt.
Der Verräter ist der schäbige Ehemann, der von der Ehe im Stil der Stammtischzoten redet.
Der Verräter ist der schäbige Ehemann, der keine Gelegenheit ausläßt, sich augenzwinkernd der Genossenschaft anderer Verräter zu versichern.
Der Verräter ist der schäbige Ehemann, welcher zur Hure geht und bei kalter Verrichtung behauptet, seine Frau sei seiner Leistungsfähigkeit nicht gewachsen.
Solche Verräter sind Legion.
Sie verdienen unser Mitleid, welches selbst schäbig genug ist.

Die Ehe ist ein Vertrag über ein Besitzverhältnis mit Nutzungsrecht. Die Ehe ist eine Institution, die die von den Produktionsverhältnissen bedingten gesellschaftlichen Verhältnisse stabilisiert.
Die Ehe hat ein Monopol auf Fortpflanzung und damit – als Familie – auf Erziehung. Sie fixiert die gesellschaftliche Abhängigkeit der Menschen durch die Regelung der ökonomischen Proliferation (Erbrecht, Verteilung der Berufschancen etc.) und durch Aufrechterhaltung einer klassenspezifischen Erziehung, die mit einem Gewaltmonopol gegenüber den Kindern verbunden ist.
Die Monogamie hat nichts mit Eros zu tun, sondern ist eine ökonomische Zwangsveranstaltung, die bestimmte Produktionsbedingungen wie den Besitz an Grundeigentum, Kapital, Prestige, Ausbildung stabilisiert. Treue ist also keine Eigenschaft, sondern eine einseitige Gewaltverzichtserklärung, eine erniedrigende Verhaltensvorschrift für lebenden Besitz.
(Karin Schrader-Klebert)

Besitzverhältnis

Meine Liebe!
Vielleicht bist Du wieder so kaputt nach diesem Tag mit vier Kindern und einem Mann auf Dienstreise. Und ein merkwürdig verformtes schlechtes Gewissen flüstert Dir zu: Lies endlich mal was!
Auf meinem Schreibtisch liegt das »Kursbuch«. Du triffst auf Frau Schrader-Klebert und brauchst ein Wörterbuch. Zum Verständnis emanzipatorischer Texte braucht man Wörterbücher. Aber vielleicht hat Frau Schrader-Klebert ihre Behauptungssätze, für welche sie Dir den Beweis auf sage und schreibe fünfundvierzig Seiten Text schuldig bleibt, nicht für Dich ge-

schrieben, die Nur-Hausfrau, die Geplagte, die Geliebte. Ich weiß es nicht. Ich will mich auch mäuschenstill verhalten, wenn Du zum Beispiel liest: »Die Monogamie hat nichts mit Eros zu tun«. Denn ich bin ein Mann. Dem kann – mit Recht – allerhand vorgehalten werden, von Dir, von den Frauen. Ich weiß, daß der Zustand der Ausbeutung der Frau durch den Mann anhält. Er bedarf keiner Analyse. Er liegt am Tage. Ich bin draußen – Du bist im Gehäuse. Du hast meinetwegen, der Kinder wegen, auf Deinen Beruf verzichtet. Du hast mehr Verzicht geleistet als ich. Ich schäme mich, wenn ich nachdenke. Aber meine Scham ändert nichts. Sie ändert die Verhältnisse nicht, die solche wilden Sätze hervorbringt wie den: »Die Ehe ist ein Vertrag über ein Besitzverhältnis mit Nutzungsrecht.« Rechtfertigen die Verhältnisse solche Sätze?

Du mußt antworten, nicht ich.

Den Nachweis falscher Motivation wollen sie führen – gegen Dich. Diese Frau Schrader-Klebert hat einen verdammt männlichen Stil.

Darf ich etwas sagen, was Du denkst, worüber wir sprachen? Ich habe Deine Antwort im Ohr:

»Natürlich weiß ich, daß wir Frauen benachteiligt sind. Ich will auch nicht so tun, als mache die Liebe alles wett. Das ist nicht so. Manchmal, beim automatischen Ablauf des genormten Alltages, zwischen Staubsauger und Albrecht-Einkauf, zwischen französischen Vokabeln und Suppengrün, verfluche ich dieses ganze Haus, diese Möbel, den Kleinkrieg, das Gerangel um ein Gespräch mit Dir. Ich will weg. Aber wenn ich weg will, weiß ich, daß ich mit Dir und den Kindern gehe. Nicht ohne euch. Das ist es: nicht ohne euch.

Ich will jetzt das Wort nicht sagen. Aber das Wort, das entscheidende, beutelt die Behauptungssätze der Schrader-Klebert. Meine Treue ist keine »erniedrigende Verhaltenvorschrift«. Ich glaube nämlich an Eigenschaften, die etwas wert sind, weil ich Dich, den fernen Dienstreisenden, den schamhaften Tyrannen – nun sage ichs doch – liebe. Immer noch, und eigentlich inständiger, je mehr wir in die Jahre kommen. Was wir gemein-

sam ändern können, wollen wir ändern: den Trott, die Abnutzung durch Wiederholung, die quälende Sprachlosigkeit, diese Wohnung vielleicht, sofern wir es bezahlen können.
Dein lebender Besitz bin ich nie gewesen, weil ich Dir treu bin.
Und – wer verdient eigentlich wen?
Und – sind wir wirklich nicht anders verheiratet als nur monogam?
Und – unterschreibt nicht die Liebe jede Gewaltverzichtserklärung? Jede?«

Aua: ... Die meisten Ehen sind vollkommen.
Don Juan: »Vollkommen« ist ein starker Ausdruck, Aña. Du meinst, daß vernünftige Menschen miteinander auskommen, sogut sie eben können. Schicke mich auf die Galeere, und schmiede mich an den Verbrecher an, dessen Nummer zufällig meiner zunächst ist, und ich werde mich ins Unvermeidliche und, sogut ich eben kann, in diese Kameradschaft fügen müssen. Ich habe gehört, daß solche Kameradschaften oft rührend zärtlich sind; und die meisten sollen wenigstens erträglich freundschaftlich sein. Aber das macht weder die Kette zu einem wünschenswerten Schmuck, nach die Galeere zur Wohnstätte der Seligkeit. Diejenigen, die am meisten über die Segnungen der Ehe und die Beständigkeit ihrer Beteuerungen sprechen, sind dieselben Leute, die erklären, daß, wenn die Kette gebrochen würde und den Gefangenen die Wahl freistünde, das ganze soziale Machwerk auseinanderstürzen müßte. Du kannst deine beiden Voraussetzungen nicht mit den gleichen Beweisen begründen. Wenn der Gefangene glücklich ist, warum ihn dann einsperren? Wenn er es nicht ist, warum vorgeben, daß er es sei?
(George Bernhard Shaw)

Kette und Galeere

Ehe – Wohnstätte der Seligen?
Kette – wünschenswerter Schmuck?
Die Ironie lebt auf Kosten mangelnder Erfahrung.
George Bernhard Shaw,
Junggeselle von Beruf –
und also berufener Sprecher in Sachen Ehe,
übersieht die bescheidene Realität:
daß vernünftige Menschen vernünftig miteinander umgehn
(das ist viel Vernunft in der Welt des Wahns),
daß Kameradschaft, dieses Zusammenrücken auf einer Bank,
rührend zärtlich sein kann
(das ist viel Gefühl im Dschungel),
daß Partnerschaft Freundschaft einschließt
(das ist viel Geborgenheit unter Feinden).

Sie schwätzen von der Seligkeit.
Wir nicht.
Sie singen vom großen Glück.
Wir nicht.
Sie träumen von Vollkommenheit.
Wir Christen nicht.
Nicht diese Ehe, die vielgeschmähte, ironisierte,
bringt einen erst auf die Galeerenbank.
Wenn schon, dann ist Geburt bereits
Geburt an Bord der Galeere.
Als ob wir die Wahl hätten!
Die Wahl besteht allein darin
daß ich wählen kann,
ob ich allein auf der Galeerenbank sitzen will, –
oder nicht.

Die wichtigste Sphäre des Gebens ist jedoch nicht die materieller Dinge; sie liegt vielmehr auf spezifisch menschlichem Gebiet. Was gibt eigentlich ein Mensch dem andern? Er gibt von sich selbst, von dem Kostbarsten, was er besitzt, von seinem Leben. Das bedeutet nicht notwendigerweise, daß er sein Leben anderen zum Opfer bringt, sondern daß er von dem gibt, was in ihm lebendig ist. Er gibt von seiner Freude, von seinem Interesse, von seinem Verständnis, von seinem Wissen, von seinem Humor und von seiner Traurigkeit – kurz von allem, was in ihm lebendig ist. Und dadurch, daß er von seinem Leben gibt, bereichert er den andern, steigert er das Lebensgefühl des andern in der Steigerung des eigenen Lebensgefühls. Er gibt nicht, um etwas dafür zu empfangen; aber durch sein Geben kann er nicht vermeiden, im andern etwas zum Leben zu erwecken, das wiederum auf ihn zurückwirkt; weil er etwas gibt, kann er nicht umhin, das zu empfangen, was ihm zurückgegeben wird. Das Geben umschließt gleichzeitig, daß der andere ebenfalls zum Gebenden wird und daß beide sich an dem freuen, was zum Leben erweckt worden ist.
(Erich Fromm)

Geben

Er konnte mit Recht von sich sagen, daß er seine Frau liebte. Er war der denkbar fürsorglichste Familienvater. Als solcher wurde er auch von denen, die ihn zu kennen glaubten, geachtet. Nie hätte er sich den Gedanken der geringfügigsten Untreue erlaubt oder verziehen. Er las – wie man sagt – jeden Wunsch seiner Frau von den Lippen. Er war gastfrei und hilfsbereit, in seinen persönlichen Ansprüchen sympathisch bescheiden, kurz, ein vorbildlicher Ehemann.
Dennoch war da etwas, was seit langem in ihm arbeitete, was er aber – vorgeblich aus Liebe zu seiner Frau – tief in sich verschloß. Er hatte von Jugend auf gelernt, seine Gefühle zu kontrollieren, Verschwiegenheit zu bewahren, sich vor Sentimentalitäten zu hüten. Es war gerade diese Verschlossenheit, welche ihm half, den eigenen Schwierigkeiten zu begegnen – so glaubte er. Er konnte sich nicht erinnern, wann er das letzte Mal geweint hatte. Es kostete ihn maßlos Selbstüberwindung, von sich zu sprechen. Das Ergebnis der letzten ärztlichen Untersuchung verbarg er vor seiner Frau, so wie er seine Angst vor der Familie verbarg. Er hatte keine Worte und keine Tränen. Er hatte sich mit sich selbst abgefunden. Er spielte seine Rolle perfekt, die darin bestand, sich nicht so zu geben, wie er wirklich war.
Er gab sich als vorbildlicher Ehemann, ohne sich zu geben.
Als er seine Unfähigkeit, sich mitzuteilen, erkannte, begann er den Tag zu fürchten, an dem er in seinem ehelichen Verhältnis jenen horrenden Zustand erreichen würde, den Wilhelm Busch zynisch beschreibt:

> Bei eines Strumpfes Bereitung
> sitzt sie im Morgenhabit.
> Er liest in der Kölnischen Zeitung
> und teilt ihr das Nötige mit.

Aber auch diese Furcht verbarg er in seinem Herzen.
Der Arme.

Ich liebe Sie, und was noch seltsamer ist, ich liebe die Annehmlichkeit, die Sie mir beweisen. Ich verlasse Sie nicht, ehe Sie mich nicht verlassen haben.
Ich habe sagen hören, eine Frau in Ihrer Lage müsse man auf die Probe stellen. Ich stelle nicht auf die Probe, was ich liebe.
Ich habe sagen hören, man verliere eine Frau, die man zu sehr liebe; eine dann und wann gespielte Kälte führe zu besserem Gelingen. Dergleichen Spiele möchte ich mit Ihnen nicht spielen. Keinerlei Spiel. Ich gehöre nicht zu denen, die finden, die Liebe sei ein Krieg; das ist eine Auffassung, vor der mir graut. Liebe muß wahrhaft Liebe, also Friede sein, oder sie darf gar nicht sein.
(Henry de Montherlant)

Auf Probe

Freunde räumten ihrer beiderseitigen Übereinkunft durchaus eine reelle Chance ein. Sie war unabhängig. Er war unabhängig, wenn Unabhängigkeit auf einem gewissen Wohlstand und Bildungsniveau beruht. Sie stellten das dar, was man ein kultiviertes Paar nennt.
Ohne Zweifel, – sie liebten sich. Aber sie hatten ihre Liebe in freier Entscheidung an eine wohlbedachte Übereinkunft gebunden: Da sie den Zustand bloßer Verliebtheit längst überwunden glaubten, wollten sie ihre Liebe einer dauernden Probe unterwerfen; sie gewissermaßen auf ihre Beständigkeit überprüfen.
Sie unterließen es deshalb, öffentlich Eheleute zu werden. Vor allem gestanden sie sich absolute Freiheit in der Wahl von Partnern zu, welche – wie sie glaubten – ihre Liebe nicht erschüttern, sondern nur bereichern konnten.
Sie probten die Liebe und stellten sich dabei selbst auf die Probe.
Nach einer Zeit offensichtlich ungetrübten Glücks traf er sie eines Abends aufgelöst und verwirrt an. Auf die Frage, was ihr denn zugestoßen sei, antwortete sie:
Du hast das Spiel verloren.
Ich spiele nicht mehr mit.
Liebe ist verwundbar,
wird keine Generalprobe überstehen.
Und: Man stellt nicht auf die Probe, was man liebt.
Es heißt, sie habe sich inzwischen mit einem Partner verheiratet, der sie heiraten wollte.

Brechts Herr Keuner äußerte einmal Zweifel, als man ihm von jemandem sagte, er habe sich aus unglücklicher Liebe das Leben genommen. Hätte die Dame den Mann, den sie zu lieben meinte, wirklich geliebt, so hätte sie ihm das nicht angetan. Brecht ließ Herrn K. zu dem Schluß kommen, der übermäßige Wunsch, geliebt zu werden, habe im Grunde mit echter Liebe wenig zu tun. Und Selbstliebe habe immer etwas Selbstmörderisches.
Wie zeigt sich Liebe?

Mörderisch

Sie, deren Vitalität, Zähigkeit und Aufopferung von Freunden und Nachbarn während der Krankheit ihres Mannes, die eine Krankheit zum Tode war, ungeteilt bewundert wurde, verfiel wenige Wochen nach der Bestattung in Lethargie.
Es fing damit an, daß sie gegen jede Gewohnheit ihre beiden Söhne, die Abbilder des Vaters, sich selbst überließ; sie gingen ihren Weg zur Schule ohne die gewohnte Fürsorge der Mutter, die den Vormittag im Bett verbrachte. Um den Schlaf zu verlängern, griff sie nach immer stärkeren Medikamenten. Das Haus verkam, die Stromrechnung wurde nicht mehr bezahlt. Nachdem Freunde ergebnislos an ihr Verantwortungsbewußtsein appelliert hatten, wurde das Jugendamt bemüht, Ärzte herangezogen, ein längerer Klinikaufenthalt angeordnet. Die Psychologen gingen von der Annahme aus, daß ihr Zustand auf die mangelnde Bewältigung der Trauer zurückzuführen sei. Sie gaben sich nach dem Maße ihrer Möglichkeiten alle Mühe. Indessen verfiel sie zusehends mehr. Sie verweigerte die Nahrungsaufnahme, weigerte sich, ihre Söhne zu sehen. Sie hatte ihre eigene Hinrichtung beschlossen. Niemand wußte, daß sie schon immer entschlossen war, beim Verlust ihres Mannes, den sie mehr zu lieben glaubte als sich selbst, ihrem Leben ein Ende zu setzen.
Der Ortspfarrer, der einzige übrigens, dem sie zuletzt eine merkwürdige Art von Interesse entgegenbrachte, erschrak vor dem fürchterlichen Willen, der in der Maske ihres Gesichtes geschrieben stand.
Ein Jahr nach dem Tode ihres Mannes wurde sie bestattet.
Ob wohl die Leute recht hatten, die sagten, eine so unerhörte Liebe zu einem Menschen wäre ihnen noch nicht vorgekommen?
»Selbstliebe hat immer etwas Selbstmörderisches.«

Viele Ehefrauen begreifen nicht, daß die Explosionsentladung zu Hause häufig ihre Ursache in der Unmöglichkeit hat, im normalen Betriebsleben überhaupt noch Emotionen und Affekte äußern zu können, ohne dadurch sich eines »sozialen Fehltritts« schuldig zu machen. Der äußerlich freundliche Umgang im Betriebsklima ist oft reine Heuchelei. Mißerfolg, Berufskrise oder Geschäftsprobleme sind dann nur die Auslöser, gleichsam der letzte Tropfen ins übervolle Glas.

(Tobias Brocher)

Explodieren

Die radikale Abhängigkeit der Partner von dem, was am Monatsende netto auf dem Lohnstreifen des Haushaltsvorstandes steht, ist häufig Ursache des Ehestreites. Ehe, Haus und Kinder sind kaum mehr Privatreservate, wie Männer und Frauen träumen, sondern Orte der Wahrheit: sie zeigen den Grad der Entfremdung des Menschen präzis.
Die Psychologie des Hauptverdieners wird von der Ökonomie bestimmt, nachdem der Beruf nicht einmal den Namen verdient.
Sie, im Hause oder halbtags beschäftigt, nimmt nicht teil an seinen Niederlagen. Sie weiß wenig. Wie soll sie ihm helfen?
Partnerschaft unter solchen Umständen müßte positiv Gelegenheit geben, zu explodieren ohne Personenschäden anzurichten. Laßt ruhig einmal die Tassen fliegen, schlagt die Türen, schlagt mit der Faust auf den Tisch. Die Explosion in der Familie ist nichts anderes als der kleine Aufruhr gegen berufliche Unterdrückung, gegen die Misere einer Wachstumsindustrie, die den Arbeiter und den Angestellten rücksichtslos mißbraucht.
Ehe darf durchaus als ein Platz verstanden werden, an dem man sich gelungen gehen lassen kann.
Wo soll er denn sonst hin mit seinen Gefühlen, wenn nicht zu seiner Frau?

Nun sage mir, wenn ein Mann hinginge und wüsche die Windeln und täte sonst am Kind ein verächtliches Werk und jedermann spottet sein und hielt ihn für einen Maulaffen und Frauen-Mann, so ers doch täte in solcher obgesagter Meinung und christlichem Glauben, Lieber, sage: wer spottet hier des andern am feinsten? Gott lacht mit allen Engeln und Kreaturen. Nicht, daß er die Windeln wäscht, sondern daß ers im Glauben tut. Jener Spötter aber, die nur das Werk sehen und den Glauben nicht sehen, spottet Gott mit aller Kreatur als der größten Narren auf Erden, ja sie spotten sich nur selbst und sind des Teufels Maulaffen mit ihrer Klugheit.
(Martin Luther)

Der Hausmann

Daß christliche Denkansätze und Handlungsmodelle in diesem nachchristlichen Jahrhundert nachwirken, ist bekannt.
So säkularisiert, so durch und durch traditionsfern ist offenbar diese Gesellschaft nicht, wie sie sich darstellt. Hier und da vollstreckt und verwirklicht sie unbewußt, was jene »Societas perfecta«, nämlich die Kirche, in langen Jahrhunderten versäumte: zum Beispiel Vorreiter zu sein für die Befreiung der Ehe aus den Fesseln des Patriarchats, aus der Gefangenschaft des Männlichkeitswahnes. Statt dessen sanktionierte sie mit Hilfe dogmatischer Allgemeinplätze, was vorchristlich längst festgeschrieben war: die Herrschaft des Mannes über die Frau. Die Verächtlichmachung der Arbeit der Haus-Frau war und ist nur eine Folge dieser zutiefst unchristlichen Tradition, wenn Christentum zu messen ist an Person und Werk Jesu Christi und nicht an kirchlichen Erfindungen.
Nun ist er endlich da, der Hausmann, welcher sich nicht schämt, vorbehaltlos die Rolle der Hausfrau zu übernehmen. Diesem schulden Christen Ehrerbietung. Sie lachen nicht mit, wenn sein Mut von einer immer noch kompakten Majorität belächelt wird.
Freilich ist es für einen wohlerzogenen Protestanten schwierig, sich den Doktor Luther in blauer Schürze am Waschtrog vorzustellen. Da steht manches im Wege: der eigene Männlichkeitswahn und die tradierte Lebensordnung des christlichen Hausstandes. Dennoch müßte ein Protestant eigentlich wissen, daß es für Luther nichts gab, wozu der Glaube unfähig wäre.
Luther als Hausmann und die Frau Käthe als gelehrte Doktorin der Theologie?
Warum nicht?

Nun siehe zu; wenn die kluge Hure, die natürliche Vernunft, das eheliche Leben ansieht, so rümpft sie die Nasen und spricht: Ach, sollt ich das Kind wiegen, die Windeln waschen, Bettenmachen, Gestank riechen, die Nacht wachen, seines Schreiens warten, seine Grint und Blattern heilen, danach des Weibs pflegen, sie ernähren, arbeiten, hier sorgen, da sorgen, hie tun, da tun, das leiden und dies leiden und was denn mehr Unlust und Mühe der Ehestand lernt. Ei sollt ich so gefangen sein! O, du elender armer Mann, hast ein Weib genommen, pfui, pfui des Jammers und der Unlust. Es ist besser frei bleiben und ohne Sorge ein ruhig Leben geführt. Ich will ein Pfaff oder Nonne werden, meine Kinder auch dazu halten.

Was sagt aber der christliche Glaube hierzu? Er tut seine Augen auf und sieht alle diese geringen und unlustigen verachteten Werk im Geist an und wird gewahr, daß sie alle mit göttlichem Wohlgefallen als mit dem köstlichsten Gold und Edelstein geziert sind und spricht: ach Gott, weil ich gewiß bin, daß du mich ein Mann geschaffen und von meinem Leib das Kind gezeuget hast, so weiß ich auch gewiß, daß dirs aufs Allerbeste gefället und bekenne dir, daß ich nicht würdig bin, daß ich das Kindlein wiegen soll, noch seine Windeln waschen, noch sein oder seiner Mutter warte. Wie bin ich in die Würdigkeit ohn Verdienst kommen, daß ich deiner Kreatur und deinem liebsten Willen zu dienen gewiß geworden bin? Ach wie gerne will ich solches tun, und wenn es noch geringer und verachteter wäre! Nun soll mich weder Frost noch Hitze, weder Mühe noch Arbeit verdrießen, weil ich gewiß bin, daß es dir also wohlgefällt.

(Martin Luther)

Weil ich gewiß bin

Allein oder zu zweit, –
morgen, wenn du ja sagst,
vor dem Standesbeamten
zählt die Mark nur noch fünfzig Pfennig, –
armselige Rechnung der Junggesellen, –
heimtückische Möchtegern-Playboys,
die soviel Wissen
angeblich
von Frauen aufhäuften, –
bleiben unfähig,
Du zu sagen.

Einmal nur Du
und im Wort sein,
sich nicht herausmogeln,
auch nicht in Gedanken,
im Wort sein und verantworten:
hier sorgen, da sorgen,
das leiden, dies leiden,
das Kind wiegen, die Windeln waschen,
Gestank riechen, arbeiten,
bis zum Umfallen dabeibleiben
und sagen:
Du – wir.

Beschränkung
aber nicht Beschränktheit
von der modernen Sorte, –

natürlich schränkst du mich ein:
ich will die Beine langmachen –
und es geht nicht,
ich will den Mund halten –
und es geht nicht,
ich will den Schlüssel herumdrehn,
auf das Klosett flüchten,
die Zeitung lesen,
laut fluchen –
und es geht nicht.
Feststellen,
daß ich nicht behaupte,
es ist schön so, –
weil ich mich nicht belügen will,
weil ich dir nichts vormachen will,
weil der ganze Betrieb mich nervt.

Also aussteigen
wie die Mittvierziger,
der aufgetakelten Fregatte nachfahren,
dem Traum in Weiß
auf blauem Meer, –
die Bude im Baum der Kindheit aufsuchen,
verstecken,
den Weg der inneren Emigration antreten, –
jetzt denke ich auch einmal
an mich!
– und es geht nicht.

Es ist nämlich Luthers Gewißheit
eine solche, die ansteckt,
die sich mitteilt.
Es ist die Gewißheit,
daß es Dir wohlgefällt.

(Du hast die Wahl,
wen ich meine.
Dir meint dich
und mit dir noch einen Andern.)

Darum bleibe ich,
bin fröhlich,
daß dieses Bleiben,
nichts gemein hat
mit dem Spruch:
Pflicht, du erhabenes Wort.

Gepriesen sei darum die Ehe, gepriesen jedermann, der zu ihrer Ehre spricht; als ein Anfänger sich einer Äußerung gestatten darf, möchte ich sagen: Sie kommt mir eben deshalb so wunderbar vor, weil in ihr alles um Geringfügigkeiten sich dreht, welche jedoch das Göttliche, das der Ehe eigen ist, für den Gläubigen durch ein Mirakel in das Bedeutende verwandelt. Und alle diese Geringfügigkeiten haben das Merkwürdige, daß nichts im voraus sich verfügen läßt, nichts sich erschöpfen läßt durch eine ungefähre Veranschlagung; sondern indem der Verstand stillesteht und die Phantasie als die Genarrte herumläuft und die Berechnung falsch rechnet, und die Gescheitheit verzweifelt, hat das eheliche Leben seinen Fortgang, verwandelt sich durch das Wunder von einer Herrlichkeit in die andere, wird das Geringfügige durch das Wunder bedeutender und immer noch bedeutender – für den Gläubigen. Gläubig aber muß man sein, und ein Ehemann, der nicht gläubig ist, ist der langweiligste Patron, ein wahres Hauskreuz.
(Søren Kierkegaard)

Im Joch

Die Geringfügigkeiten der Ehe machen diese aus.
Miete und Stromabrechnung, Neckermannreise,
Streit um Fernsehen oder Kino,
er stellt nie die Schuhe dorthin, wo sie hingehören,
gestern hat sie ihm nicht Gute Nacht gesagt,
die Zahnpastatube blieb wieder offen auf dem Waschbecken liegen,
Florian kriegt Mumps und Jule bringt eine Fünf in Mathe nach Haus,
weiß sie eigentlich, daß Männer sich auf der Straße immer noch nach ihr umdrehen,
da, das erste interessante graue Haar an seiner Schläfe.
»Hör mal, du mußt dich endlich um die Versicherung kümmern«.
»Mach bitte das Licht aus, um sechs ist der Tag da«.

Nein, erschöpfen läßt sich nichts an Geringfügigkeiten durch ungefähre Veranschlagung, durch Plan und Berechnung; denn darin, in der Geringfügigkeit, bin ich ganz ich und bist du ganz du – sind wir, was wir sind: ein Wunder, ein Paar Ochsen, die gern im Joch gehen.
Aber eben gläubig muß einer sein, der Ehemann, die Ehefrau – wenn sie nicht gläubig sind, wenn sie nicht mit den Augen des Herzens das Wunder in den Geringfügigkeiten, den Glanz überm Unscheinbaren, Alltäglichen, Abgenutzten und Durchgekauten sehen –, wenn sie – sage ich – das nicht erblicken, sind sie verloren.
Ein Wunder sind die beiden im kleinen Alltag, im Tal ohne Erhebung, im öden Flachland.
Doch das zu erkennen, dazu gehört ein starker Glaube.

Der Mensch ist unendlich mehr als das Menschenbild. Er wird just dann aus dem Rahmen des Bildes fallen, das die Projektemacher anfertigten, wenn sie sich ihres Entwurfes sicherglauben. Gott sei Dank!

>»Du sollst dir kein Bildnis noch Gleichnis machen!« Was von Gott gesagt ist, gilt nicht minder vom Menschen.

Brechts Herr K. freilich meinte, es käme darauf an, von dem Menschen, den man liebe, einen Entwurf zu machen und dann dafür zu sorgen, daß er ihm ähnlich werde. »Wer? Der Entwurf?« »Nein«, sagte Herr K., »der Mensch.«

Kein Bild noch Gleichnis

Laßt uns Menschen machen nach unserem Bilde.
Das Bild steckt längst im Guckkasten,
die Konturen liegen fest,
den Entwurf könnte man bei genauer Betrachtung
als durchaus großzügig bezeichnen.

Sie trägt ihn im Kopfe, wie er sein wird
als Ehemann und Abziehbild ihrer Planzeichnung;
er indessen hat bereits begonnen
sie seinem prächtigen Entwurf anzupassen
auf diese feine, unmerkliche, künstlerische Weise,
die seiner Art entspricht.

Fehlleistungen sind praktisch ausgeschlossen.
Bei auftretenden Komplikationen bedarf es
meist nur einer geringfügigen Korrektur
des Entwurfs, da beide den Entwurf mehr lieben
als den Menschen.
Sie werden alt werden, die famosen Leute,
in ihrer famosen Ehe, sie werden im Wechselspiel
schöpferischer Potenz das Endstadium
glücklicher Idioten erreichen:
sie gleichen ihren Entwürfen wie ein Affe dem andern.
    Es gibt keine widerwärtigere Denunziation der Liebe
    als den Keunerschen Zynismus.

Liebe vollendet sich in der Treue.

Liebe kann das, was sie schenkt, nur aus ganzem Wesen schenken. Darum will immer Liebe in irgendeinem Sinne Ewigkeit, und so ist sie erst in der Treue ganz bei sich selbst. Indem die Liebe ihr Wesen durch Treue bewährt, stiftet sie nicht nur punktuelle Gemeinschaftserlebnisse, sondern feste Gemeinschaftsformen. Durch das Moment der Treue in der Liebe wird die Anerkennung gleichsam institutionalisiert; sie gewinnt Dauer und Verläßlichkeit. Es ist erhellend, daß der alttestamentliche Begriff der Gerechtigkeit den Sinn von Treue hat. Man hat das biblische Wort für Gerechtigkeit treffend mit »Gemeinschaftstreue« wiedergegeben. Gerecht ist ein Verhalten, das von der Treue zu einmal eingegangenen Gemeinschaftsbindungen bestimmt ist. Und in der Treue begründete Gerechtigkeit bleibt jedoch beweglich. Sie bewahrt die schöpferische Beweglichkeit der Liebe. Treue bedeutet nicht stures Konservieren einer vorgegebenen Form, sondern erweist sich unter Umständen gerade darin, daß man die Form verwandelt, um den Geist der Liebe, aus dem sie einst erwuchs, zu bewahren.

(Wolfhart Pannenberg)

Treue

Er bildete sich ein, treu zu sein.
Er hatte sich seine Treue eingebildet, wie man sich eine Krankheit einbilden kann.
Er war ein eingebildeter Kranker.

In Anfällen von besonderer Ehrlichkeit, beispielsweise nach dem Genuß einer guten Flasche Wein, wenn er sich in diese süchtigen Selbstgespräche verwickelte, gestand er, daß seine ehelichen Beziehungen eingefroren waren. Seine Ehe orientierte sich an Regularien, vorgeprägten Handlungsabläufen, an der Macht der Gewohnheit: Schulprobleme der Kinder, Urlaubsplanung, Anschaffungen, Einladung von Freunden, Gegeneinladungen, die Rituale der Familienfeste, das Meckern über die berufliche Überlastung, das rücksichtsvolle Ausklammern von Konflikten – ja, im Regulären war er treu, ließ seine Frau nicht sitzen, behielt den Überblick, die Kontrolle über seine ausschweifenden Träume.
Er bildete sich ein, treu zu sein.
Er verwechselte seine Unbeweglichkeit, das Treten auf der Stelle, mit Treue.
Er hielt – wie man es ihm beigebracht hatte – Treue für eine bestimmte Sorte Pflicht.
Er hatte vergessen, daß Treue die Liebe voraussetzt.
Er war ein Kranker.
Ein tragischer Fall, sozusagen.

Es ist soweit.
Sie kennt einen anderen.
Angenommen, sie liebt ihn wirklich,
wie sie sagt,
was habe ich dann mit meiner Liebe
in diesem Verhältnis zu suchen?

Welchen Anspruch hat man zu erheben? Man redet von Treue – Max Frisch hat einmal in dieser Richtung nachgedacht –, aber was man will, ist ja nicht die Treue, sondern die Liebe. Und wie soll man von Betrug reden, wenn sie offen mitteilt, sie sei mit dem andern verreist?
Was dann tun?

Eifersucht

Sie sind die Igel,
ich bin der Hase
soll mit gesenkter Nase
diese verfluchte Rübenfurche
auf und ab hetzen.
Ick bün all hier,
wird er schreien, der andere,
und er hat recht.
Kein Wettstreit für mich.
Nein danke.
Der Betrug ist vollkommen:
sie sind zu zweit gegen einen.

Ich streichle mich, den Verlierer.
Ich tue mir leid.
Ich schreibe einen wütenden Brief.
Ich trinke Cognac:
Stell dir vor,
unvorstellbar;
sie in seinen Armen.
Ich bettele.
Es ist soweit.

Wenn Liebe von der Art ist, daß sie, weil sie liebt, keine Ansprüche erhebt, wird Sie im Spiel dieser Welt die Verliererin bleiben und ans Kreuz gehen.
Muß das so sein?
Ja, das muß so sein.

Was ihnen am liebsten war, durften die getreuen Weiber von Weinsberg aus der belagerten Stadt herausschleppen, wenn sie es nur auf ihrem Rücken tragen könnten, und sie trugen ihre Männer heraus. Soweit, doch für Brecht nicht so gut. Es habe da nämlich, so erzählte er die Geschichte weiter, einige besonders kluge unter den Frauen gegeben, und die haben »das schwerer zu ersetzende Bettzeug« gerettet. Vor ihnen habe sich Eulenspiegel, der das sah, in tiefer Hochachtung verbeugt.

Rettet die Männer!

Da aber in der Stadt Weinsberg wie in anderen Städten hierzulande die klügeren Weiber gegenüber den dummen in der Mehrzahl waren, kam es, daß im Lager der Bauern die Weiber die Oberhand gewannen. Nun war guter Rat teuer. Denn die klugen Weiber, welche anstelle ihrer bürgerlichen Gesponse das Bettzeug gerettet hatten, verlangten nach ebenso klugen Ehemännern. Solche waren jedoch weit und breit nicht zu finden.
Da ließen die Bauern den Eulenspiegel mit den klugen Weibern im Lager allein zurück in der Hoffnung, daß seiner Klugheit schon etwas einfallen würde.
Eulenspiegel aber verfluchte den Tag, an dem er sich vor den klugen Weibern verbeugt hatte, samt seiner Klugheit, die das Bettzeug den Bürgern vorzog.

Der Eulenspiegel konnte allerdings nicht wissen, daß er nicht nur das Opfer seiner Klugheit, sondern das späte Opfer des Bertolt Brecht geworden war.

Ein schönes Weib ohne Zucht ist wie eine Sau mit einem goldenen Haarband.
(Sprüche Salomos, Kap. 11, Vers 12)

Ein tugendsam Weib ist eine Krone ihres Mannes; aber eine böse ist wie Eiter in seinem Gebein.
(Sprüche Salomos, Kap. 12, Vers 4)

Es ist besser, wohnen im Winkel auf dem Dach, denn bei einem zänkischen Weibe in einem Hause zusammen.
(Sprüche Salomos, Kap. 21, Vers 9)

Krone der Schöpfung

Ein Mann, der es – wie man sagt – zu etwas gebracht hat, hatte es zu etwas gebracht auf Kosten seiner Frau.

Ein Mann betrachtete seine schöne Frau im Spiegel. Darauf sprach er zu sich selbst: Sieh an, du kannst dich sehen lassen.

Ein Mann wurde von seiner Frau verlassen. Er zog daraus den Schluß, daß sie offensichtlich seinen Qualitäten nicht gewachsen war.

Ein Mann ging in sich und brach in Tränen aus über seine Größe.

Ein Mann zeigte einigen Leuten das neue Haus, das er gebaut hatte. Nach dem Rundgang stellte er ihnen seine Frau vor mit den Worten: Das ist meine Frau.

Ein Mann zog in den Krieg, obwohl er der Sohn einer Frau war, die er Mutter nannte.

Merke:
Nicht der Mann ist die Krone der Schöpfung, sondern der Mensch.

Ich bin eine Blume in Saron und eine Lilie im Tal. Wie eine Lilie unter den Dornen, so ist meine Freundin unter den Mädchen. Wie ein Apfelbaum unter den wilden Bäumen, so ist mein Freund unter den Jünglingen. Unter seinem Schatten zu sitzen, begehre ich, und seine Frucht ist meinem Gaumen süß. Er führt mich in den Weinkeller, und die Liebe ist sein Zeichen über mir. Er erquickt mich mit Traubenkuchen und labt mich mit Äpfeln, denn ich bin krank vor Liebe. Seine Linke liegt unter meinem Haupte, und seine Rechte herzt mich. –
Ich beschwöre euch, ihr Töchter Jerusalems, bei den Gazellen, oder bei den Hinden auf dem Felde, daß ihr die Liebe nicht aufweckt und nicht stört, bis es ihr selbst gefällt.

(Hohes Lied, Kapitel 2, 1–7)

Und seine Rechte herzt mich

Gegen die Leibfeindschaft im Christentum steht das Hohe Lied, steht im vollen Saft sanfter, pfirsichduftender Erotik.
Wer hat uns Christen in diese Ecke der Verneinung gestellt, den Schmollwinkel der Spießer; was sind das für Kreaturen, die als Ausleger der Heiligen Schrift das Hohe Lied wider seinen Ursprung lesen, gegen den Körper, gegen die Schönheit, gegen die Lust, gegen die Leidenschaft, gegen den Sexus?

Die Linke weiß genau, was da die Rechte tut, und schämt sich nicht.
Die Linke ruht unter dem geliebten Haupt,
durch die Finger gleitet schwarzes, blondes Haar,
schöne lebendige Haut, seidig und fest,
Druck und Gegendruck, – schließe die Augen
vor der langen glücklichen Nacht.

Wird Glück anders als durch die Sprache der Körper vermittelt?
Das Lied der Blume von Saron gibt den Geist, der sich absondert von der Berührung, der Lächerlichkeit preis.
So ist das Hohe Lied Gottes eigenes Lied. Ohne Liebe zum Körper gibt es keine Liebe zu Gott.
Darum laß die Linke wissen, was die Rechte tut;
es ist nicht nötig, das Licht zu löschen;
wer sich schämt, denunziert den Schöpfer.
Laß ja die Linke sehen, was die Rechte tut,
damit die Seele Segel setzt und lernt, was sie am Körper hat.

Wer das Herzen nicht versteht, versteht auch nicht die Auferstehung der Toten, deren Leiber unter der Verheißung des Lebendigen bleiben.

Ich werde immer noch die Lilie berühren und den Schatten des Apfelbaums suchen, wenn längst der Abstieg des Körpers begonnen hat.

Des Nachts auf meinem Lager suchte ich, den meine Seele liebt. Ich suchte; aber ich fand ihn nicht.
Ich will aufstehen und in der Stadt umhergehen auf den Gassen und Straßen und suchen, den meine Seele liebt. Ich suchte; aber ich fand ihn nicht. Es fanden mich die Wächter, die in der Stadt umhergehen: habt ihr nicht gesehen, den meine Seele liebt?
Als ich ein wenig an ihnen vorüber wer, da fand ich, den meine Seele liebt. Ich hielt ihn und ließ ihn nicht los, bis ich ihn brachte in meiner Mutter Haus, in die Kammer derer, die mich geboren hat. –
Ich beschwöre euch, ihr Töchter Jerusalems, bei den Gazellen oder bei den Hinden auf dem Felde, daß ihr die Liebe nicht aufweckt und nicht stört, bis es ihr selbst gefällt.
 (Hohes Lied, Kapitel 3, 1–5)

Suchen

Und obgleich er neben mir lag – wie gewöhnlich,
war ich unfähig, ihn zu finden.
Er, den meine Seele liebt, war abhanden gekommen.
Fremd ist mir das Ticken des Weckers, fremd das Atmen,
die Pneugeräusche – das ist er nicht, das war ein anderer,
den meine Seele liebt.
Und ich gehe die langen Gassen der Erinnerung, die verdunkelt
sind, wie eine längst Betrauerte und Abgeschiedene.

Daß jemand anfangen muß zu suchen den, den die Seele liebt,
daß jemand in der Sehnsucht ertrinkt,
daß einer durch die Tür geht und nie nie wiederkommt –
das erfährt die Liebe.

Auf der Suche zu sein, obwohl jemand neben einem atmet,
bleibt keinem erspart.

Wenn ich mit Menschen- und mit Engelszungen redete und hätte der Liebe nicht, so wäre ich ein tönend Erz oder eine klingende Schelle. Und wenn ich weissagen könnte und wüßte alle Geheimnisse und alle Erkenntnis und hätte allen Glauben, so daß ich Berge versetzte, und hätte der Liebe nicht, so wäre ich nichts. Und wenn ich alle meine Habe den Armen gäbe und ließe meinen Leib brennen und hätte der Liebe nicht, so wäre mir's nichts nütze.

Die Liebe ist langmütig und freundlich, die Liebe eifert nicht, die Liebe treibt nicht Mutwillen, sie bläht sich nicht, sie stellt sich nicht ungebärdig, sie sucht nicht das Ihre, sie läßt sich nicht erbittern, sie rechnet das Böse nicht zu, sie freut sich nicht der Ungerechtigkeit, sie freut sich aber der Wahrheit; sie verträgt alles, sie glaubt alles, sie hofft alles, sie duldet alles.

Nun aber bleibt Glaube, Hoffnung, Liebe, diese drei, aber die Liebe ist die größte unter ihnen.

(1. Korinther Kapitel 13, 1–7 u. 13)

Was bleibt

Auf Fließsand läßt sich kein Fundament setzen.
Die Liebe braucht Boden unter den Füßen.

Ich bleibe nicht; ich bleibe nicht derselbe.
Damit meine ich nicht den allmählichen Verlust meiner Sehschärfe,
sondern ich meine das unverdauliche Brot der späten Jahre.
Alle Dinge im Fluß, und wir in ihnen.
Du bist nicht dieselbe.
Damit meine ich nicht die Krähenfüße in deinen Augenwinkeln,
sondern den schleppenderen Gang unserer Verhandlungen.

Paulus singt das Lied von der Liebe.
Die Liebe bleibt.
Welche Liebe meint der alte Mann, die des Augenblicks,
die Liebe als Treue zu uns selbst, die Eigenliebe?
(Zugegeben, diese bleibt wirklich!)

Paulus hält den Blick auf die Erde, die Augen auf einen
unverwechselbaren Menschen gerichtet,
der einen unsäglichen Weg gegangen ist,
von Nazareth nach Jerusalem,
der in einer Brüderlichkeit,
die uns niemals gelingt,
Liebe lebte, welche nicht das Ihre sucht.
Auf ihn sieht Paulus, wenn er das Lied der Liebe singt.
Seine Liebe wird bleiben nicht die unsere.
Aber in seiner Liebe bleiben
die Bruchstücke, das unvollendete Tagewerk
unserer Ehe, der Torso unserer Partnerschaft bewahrt,
weit hinaus über aller Zeiten Zeit.

Ich glaube dem Lied des Paulus.
Ich glaube dem Mann aus Nazareth.

Der Alterungsprozeß in der Partnerschaft eröffnet die Möglichkeit neuer Einsicht in verbliebene Illusionen und Selbsttäuschungen. Der gemeinsame Rückblick auf miteinander bewältigte Lebenskrisen, ohne den Rückfall in alten Hader, ist vielleicht der schwerste Lernprozeß der Liebe.
(Tobias Brocher)

Rückblick

Worauf blicken wir zurück, wenn die Kinder aus dem Haus sind? Es wird nicht einfach sein, die bekannte Hand neu zu ergreifen. Wir sitzen eines Tages auf der Rasenbank und haben uns nichts mehr zu sagen.

Drehn Sie sich nicht um, Frau Lot!
Im Rückblick auf Glück und Scheitern einer Ehe wirken nicht einfach Krisen nach, sondern die Krise beginnt erst.
Nach seiner Pensionierung ist es schwierig für ihn, dem allgegenwärtigen Staubsauger auszuweichen. Er ist permanent anwesend, verliert die Zigarrenasche auf der Perserbrücke, geht plötzlich ihr und sich selbst auf die Nerven.
Das ewige »Weißt – du – noch« und »Was machen die Kinder« beklemmt. Sprechen wollte er mit ihr, eine neue Art der Verständigung finden, die nicht orientiert ist an anderen. Reisen wollten beide, sofern das Geld ausreicht, die Gesundheit es zuläßt und die Seele noch reisen will – wenn die Kinder einmal aus dem Haus sind. Der Satz schließt Hoffnung und Bedrohung ein.
Natürlich kann er sie nicht missen, wie sie ihn nicht missen kann. Sie lieben das simple Nebeneinander, den Drill der Gewöhnung. Sie lehnen sich im Sessel zurück, um nach einem ermüdenden Tag irgendeine idiotische Fernsehsendung schweigsam zu überstehen. War das wirklich alles?
Das gemeinsame Altern muß früh geübt sein, wenn darin Meisterschaft erreicht werden soll. Falsche Rücksichten dürfen nicht den Rückblick trüben. Und besonders hinderlich sind dabei die falschen Rücksichten auf geliebte Illusionen, das Verstecken von Schuld, die nachwirkt, der heruntergeschluckte Vorwurf.
Sprechen wir ruhig aus, was war, was wir fühlten. Die abgewelkten Rosen im Garten der Erinnerung müssen geschnitten werden. Es ist gleichgültig, wer zuerst die Schere ergreift.
Wer nimmt uns noch einmal in die sanfte Schule, das ABC der Liebe zu lernen?
»Der deinen Mund fröhlich macht und du wieder jung wirst wie ein Adler?«
Der Rückblick ist die Krise.

Ein jegliches hat seine Zeit, und alles Vornehmen unter dem Himmel hat seine Stunde.
Geborenwerden und Sterben, Pflanzen und ausrotten, was gepflanzt ist.
Würgen und Heilen, Brechen und Bauen.
Weinen und Lachen, Klagen und Tanzen.
Steine zerstreuen und Steine sammeln.
Herzen und ferne sein von Herzen.
Suchen und verlieren, behalten und wegwerfen, zerreißen und zunähen, schweigen und reden.
Lieben und hassen, Streit und Frieden hat seine Zeit.
(Prediger Salomo Kapitel 3, Vers 1–8)

Auf Zeit

Liebe geschieht in der Zeit,
lebt auf Zeit mit der Liebe.
Zeit steht nicht zur Verfügung
als unendliche Strecke,
gefüllt ist sie wie ein Fruchtkorb
oder entleert
wie eine Konservendose.

Herzen und ferne sein von Herzen,
suchen und verlieren,
lieben und hassen,
Geburt und Tod, –
das sind die zeitlichen Dimensionen
der Partnerschaft.

Süß ist die Umarmung,
weil mir eines Tages
für immer der Arm
von der Schulter meiner Frau fällt.
Also suche ich in der Zeit
das Wort, die Geste,
den Schnee von gestern,
die Urlaubstage am Meer,
das Lächeln, weil
ich schnell verliere,
und endlich verlieren werde
mein Glück auf Zeit.

Bis daß der Tod euch scheidet ...

Liebe will maßlos Unendlichkeit
und ruht doch in der Zeit,
fülle die Zeit mit Liebe.

Das bunte Laub der Linden
nimmt niemand in Schutz
vor dem Frost einer langen
Nacht.

Wer ist sie, die heraufsteigt von der Wüste und lehnt sich auf ihren Freund?
Unter dem Apfelbaum weckte ich dich, wo deine Mutter mit mir in Wehen kam, wo in Wehen kam, die dich gebar.
Lege mich wie ein Siegel auf dein Herz, wie ein Siegel auf deinen Arm. Denn Liebe ist stark wie der Tod und Leidenschaft unwiderstehlich wie das Totenreich ... Ihre Glut ist feurig und eine Flamme des Herrn, so daß auch viele Wasser die Liebe nicht auslöschen und Ströme sie nicht ertränken können. Wenn einer alles Gut in seinem Hause um die Liebe geben wollte, so könnte das alles nicht genügen
(Hohes Lied, Kapitel 8, 5–7)

Liebe und Tod

Über blauen Zedern des Libanon
steht hoch
der Schrei des Sängers
mit dem Purpurmund:
Liebe stark wie der Tod,
starker Zwilling.

    Wenn ich
    an einem gewöhnlichen Spätnachmittag
    auf der B1
    vielleicht am Sauerstoffgerät
    oder daheim
    beim Schreiben
    schlechter Verse
    dem Tod begegne
    werde ich lächeln:
    dich kenne ich längst
    Brüderchen
    ich habe geliebt
    ich wurde geliebt

Wer die Furcht vor der Liebe besiegte
fürchtet nicht mehr den Tod.

Die Zitate von *Dietrich Bonhoeffer* stammen aus: Ethik, 8. Aufl., München 1975, S. 186, und: Widerstand und Ergebung, Neuausgabe 2. Aufl., München 1977, S. 58f. – von *Tobias Brocher* aus: Sind wir ver-rückt?, Stuttgart 1973, S. 255, und aus: Von der Schwierigkeit zu lieben, Stuttgart 1975, S. 127 – von *Wolfhart Pannenberg* aus: Was ist der Mensch?, Göttingen 1962, S. 70 – von *Karin Schrader-Klebert* aus: Kursbuch Nr. 17, Berlin 1969, S. 25 – von *Dorothee Sölle* aus: Phantasie und Gehorsam, Stuttgart 1970, S. 63 und S. 65. – Die Bibelstellen Matthäus 5,27; Lukas 10,25ff. und Matthäus 5,31–32 sind in der Übersetzung von Jörg Zink, erschienen im Kreuz-Verlag Stuttgart, zitiert.